海外に送り出した社員の命をどう守る？

在るべき企業の海外危機管理

有坂錬成
安全サポート株式会社 代表取締役

Discover BP
ディスカヴァー ビジネスパブリッシング

はじめに
～安全の先にある安心～

新型コロナウイルスの感染症パンデミック、ロシアによるウクライナ侵攻、スーダンの内戦、イスラエル／ハマス戦争、それに加えて朝鮮半島、台湾有事など……。世界は混沌の中にある。そんな時代に海外で暮らしている日本人は129万人ほど（2023年10月1日現在、外務省領事局政策課調査）。その約3割が、企業の海外駐在員とその家族だ。

同じ企業に属しながら、治安が悪い地域や医療環境に問題のある地域で働く仲間がいる。治安や医療環境において問題のない国であっても、生まれ育った国とは異なる環境にいる駐在員たちは、慣れない常識、ルール、価値観、倫理観で常に不安を抱えている。

そんな仲間たちの安全を守る危機管理担当者のお手伝いをするのが、私のミッションだ。

危機管理の基本は「自分の身は自分で守る」だと言われているが、海外ではどんなに危機管理に長けた人でも自分の行動や努力だけでは守りきれないことがある。また、平時から緊急事態が発生した際の社内の対応体制を構築しておくことも欠かせない。そもそも被害に遭わないことが最も望ましく、そのためには赴任前の安全教育の他、できる限りの安全対策を講じることが必要だ。私たちはそれらを自分事として捉え、企業の海外危機管理体制構築のコンサルティングをはじめとした総合的な支援を行っている。

安全に対する配慮を怠れば、尊い人命が失われるかもしれない。そうなれば、企業は遺族から責任を問われ、社会からも批判を浴びることになるだろう。

この本を、海外で働く仲間たちを救う道しるべとして関係者の方々にお読みいただくだけでなく、経営者の皆様にも企業価値を高めるための参考としてお読みいただければと思う。

危機管理というと、用語も独特で難しいイメージを持たれる方も多いのではないだろうか。しかし、理屈はいたってシンプルだ。目的は常に「仲間の命を守る」こと。それを本書ではできるだけ簡潔に、わかりやすく述べていきたい。

私が損害保険会社を経てこの仕事に就いてから約21年、企業の海外危機管理に特化した会社を設立してからは18年が経過した。この間、常に〝海外派遣者の命を守る〟

という責務を負っている。

その中で、私が特に意識してきたことは「安全の先にある安心」だ。

「安心・安全」という言葉はあまり深く考えずに、言葉の響きだけで安易に使われていることが多いが、私は次のように捉えている。〝安全〟は、いわば物理的なことを示し、つまり、具体的な対策を日々積み上げていくことを意味しているのである。

一方〝安心〟は、安全対策をいく重にも積み重ね、もうこれ以上の対策はないと思えたところにある心を示す。

私は海外危機管理会社を経営する身として、安全を積み重ね、その結果として安心をお客様にお届けしたい。しかし、それと矛盾するようだが決して安心しきってはいけないとも思っている。なぜなら、どれだけ安全を強化したところでリスクが0になることはなく、100%の安心に到達することはあり得ないからだ。

最近アジアは緊張の中にある。「戦争」という言葉も身近に感じられるようになってきた。その最たるものの一つは台湾有事だ。

台湾有事は、中国が軍事力によって台湾を統一するという最悪のシナリオだ。

中国による台湾の武力統一行動、米国の軍事関与――。それらが現実となったら、米国の同盟国である日本も巻き込まれることは避けられないだろう。そのような状況になれば最初に危険にさらされるのは台湾の在留邦人、そして中国の在留邦人だ。台湾の在留邦人は戦場に取り残され、中国の在留邦人は最悪〝人質〟に取られたような状態にもなりかねない。

もちろんこんなシナリオは考えたくないが、「最悪に備える」のが危機管理の基本だ。放っておいても事態が収まるとわかっているなら放置しておく選択肢もあるが、将来のことは誰にもわからない。となれば、企業は「行動する」以外の選択肢はないのではないだろうか。そしてそれが取り越し苦労だったとしても、危機管理体制を整えることは決して無駄にはならないだろう。

では、何をすればいいのだろうか――。

何に頼ればいいのだろうか――。

以下の章では、企業の海外危機管理の在り方、危機管理担当者が知っておくべきノウハウから事態別シミュレーション、駐在員・拠点長・出張者が知っておくべき安全対策やシミュレーションをご紹介し、さらに国別の治安情勢の事例や企業の関心が高い台湾有事についても触れたいと思う。

※本稿の筆を置こうとしたとき（2023年10月7日）に、ガザ地区のハマスがイスラエルに突然大規模な攻撃を仕掛け、それに対してイスラエルがガザ地区に対し今までにない規模の攻撃を行い、1か月を経過した時点で双方の死者数が1万人を超える戦争に発展してしまった。残念ながら短期間で終息する兆しは見えないばかりか、イスラエルとヒズボラ（レバノン）などとの戦争にも発展しかねない情勢だ。

私の会社の顧客企業のイスラエル駐在員は、発生後短期間のうちに定期便で無事国外退避できたが、「最悪のことはどこの国でも起こり得る」という想定で危機管理を行うことの重要性を再認識させられた出来事である。

海外に送り出した
社員の命をどう守る？
在るべき企業の海外危機管理　目次

第1章

海外に送り出す社員の命、会社はしっかりと向き合っていますか？

第2章

海外危機管理担当者の課題

第3章 緊急事態のシミュレーション、会社の判断は？

第4章 海外派遣者自身が取るべき安全対策

第5章

治安上注意が必要な国の例

第1章

海外に送り出す社員の命、会社はしっかりと向き合っていますか？

海外派遣者の危機管理はなぜ必要なのか？

「はじめに」でも記載した通り、海外で暮らしている日本人は約129万人、その約3割が日本企業の海外駐在員とその家族だ。

これは日本の人口の1％にも満たないが、彼らは日々さまざまな環境の中で苦労して働き、慣れない社会で生活している。現地の治安が平穏で、仕事もうまくいっているときは、日本では味わえないような貴重な体験ができ、異国の文化を楽しむこともできるだろう。しかし、海外で生活することにはさまざまなリスクが伴う。

まず、長い滞在中に滞在国の治安が不安定になることがある。犯罪被害や交通事故に遭う確率も、日本にいるときと比べれば格段に高くなる。体調を崩して現地の医師にかかっても、英語や現地の言葉で自分の症状を伝えることはベテランの駐在員にとっても簡単ではない。

日本にいれば親、兄弟、親戚、友人などいざというときに助けてくれる人はたくさんいる。また、事件であれば警察、事故は消防などから当たり前の助けが得られる。もちろん海外であっても警察や消防などの助けは得られるわけだが、国によってその信頼度は大きく異なる。そんな環境の中で駐在員を守ってくれるのは誰なのか？　やはり、それは本人を海外に送り出した会社の役目であろう。それを組織として実行していくのが企業の海外危機管理なのだ。

海外で働く上でのハードル

日本で生まれ育った人が海外で働きながら生活していくことは、決して楽なことではない。渡航する国によって差はあるが、文化も習慣も宗教も日本とは異なる。もちろん法律も政治体制も私たちが生まれ育った国とは異なる。ベテランの駐在員がこのギャップを難なく乗り越えているように見えたとしても、それはあくまでも平時における話である。

例えば街中で犯罪被害に遭ったとき、日本にいるときと同じように乗り切ることができるだろうか？　警察に届ける際、事件の一部始終を正確に伝えられるだろうか？　交通事故に遭った場合、相手の一方的な主張に対抗することができるだろうか？　さらに言えば、その際、その国の法律で自分に勝ち目があるのか、宗教上のタブーを知らずに犯してしまっていないか？　他にも小さなことから大きなことまで、海外で生きていくにはさまざまなハードルがある。

緊急時におけるコミュニケーション

海外駐在員が自分の身を守る上での言葉の問題についてもう少し述べよう。

日常は何の不自由もなく現地の人たちとコミュニケーションを取り、バリバリと仕事をこなすベテランの駐在員であっても、例えば体調を崩し医師に胃の不調を伝えたいとき、「お腹が痛い」ということは容易に伝えられても、「胃がキリキリ痛む」とか「胃がズーンと重い」といった詳細な病状を伝えることは難しい。また、緊急事態が発生した際、とっさに使える現地の言葉を持ち合わせる人もあまりいない。なぜなら、仕事に関しては日々さまざまな場面を経験していても、体調不良や緊急事態の経験を積む機会はあまりないからだ。そのような場面を経験していないのだから、そこで使うべき言葉が出てこないのは当然と言える。

また、平時の仕事上でコミュニケーションがうまく取れるのは、そもそもビジネスはお互いにコミュニケーションが取れて初めて成立するものであるため、語学力が多少不十分であったとしても相手が合わせてくれている面もある。ましてそれが現地法人の日本人上司、日本人社長ともなれば、合わせるのが当たり前だろう。社内でなくても平穏な状態の中では、現地でもある程度の地位にいる日本人駐在員は下駄をはかせてもらっていると考えた方がよい。

しかし、現地で暴動や戦争など重大な事態が起きている中でも、その対応は変わらないと言えるだろうか？　現地人の社員は自分の家族を守らなければならない状況で、どこまで会社の上司を守れるのだろうか？　混乱した街の中、言葉の不自由な一外国人である駐在員の言いたいことを丁寧に聞き取り、親切に支えてくれる人などいないだろう。誰もがパニックに陥っており、危害を加えられなければまだよい方である。緊急時は平時と同じレベルのコミュニケーションが成立しないこと、ゆえに自分の身を守ることは難しいということをまず認識しなければならない。

自己責任か会社の責任か？

海外で生きていく上でのハードルや緊急時のコミュニケーションの難しさは挙げて

いけばきりがない。

危機管理を行う者として考えなければいけないのは、こういったハードルを乗り越える責任はどこにあるのか、ということだ。海外に送り出された駐在員の自己責任で乗り越えるべきなのか、それとも会社の都合で送り出すのだから会社が負うべき責任なのか。また、プライベートな時間や場面で起きたことなのか、仕事中に起きたことなのかということもある。

この辺りは、長期にわたって駐在している者か短期で出張に出ている者かで考え方は変わってくる。駐在員の場合、プライベートについてはある程度自己責任という考え方もできるが、短期の出張者については駐在員よりもさらにハードルが高いことを考えると、プライベートな場面で起こったトラブルであっても会社が責任を負うべきという見方ができる。いずれにしても、自分で解決できるかどうかによって、会社がどこまで面倒を見なければならないかは異なってくる。少なくとも日本国内で働く従業員や自分が生まれ育った国で働く現地従業員（ナショナルスタッフ）と同じではないはずだ。海外に社員を派遣する会社はこうした前提を複合的に考えながら、十分な安全対策を講じていかなければならないのだ。

十分な安全対策とは？

十分な安全対策、と述べたが「どこまでやればよいのか？」を判断するのは難しい。これは言い換えれば「どうしたら安全配慮義務を果たせるのか」ということでもある。この質問は危機管理担当者の方からよく挙がるものだが、明確な基準があるわけではない。派遣先の国や地域によって、また派遣者が現地でどのように活動するのかによってリスクが大きく異なってくるからだ。

このようなことを踏まえ、私たちは安全配慮義務を満たすためではなく、海外派遣者の安全を守るために何をしたらよいのか、という視点で考えることをすすめている。特に、治安が悪い国に送り出すのであれば、赴任前の安全教育はしっかり行った上で送り出すべきであるし、赴任する先の職場や住居の安全にも気を配るべきだ。

そのためにこれまでのやり方よりも手間もコストも余分にかかるかもしれない。この点についても、ではどこまでコストをかければよいのか？　という問題があるだろう。

少なくとも海外に人を派遣している他の企業が一般的に取り入れている必要最低限

の対策は取る必要があるだろう。もちろん、他の企業がやっていることすべてが的を得ているわけでも正しいわけでもないかもしれない。しかし、仮に不幸にして海外派遣者が何らかの被害に遭って亡くなってしまうようなことがあった場合、遺族はどう思うであろうか？　妻にしてみればなぜ夫が死んでしまったのか？　そんな目に遭わないようにできなかったのか？　あるいは、被害に遭った後でも助ける方法があったのではないのか？

事態が起こってしまった後から考えれば、事前にやり足りていなかったことがいくつも出てくるであろう。せめてこの国でこんなに強盗殺人が多いということを前提に安全対策を講じていたら殺されないで済んだかもしれないのに、など悔やまれることは多いだろう。残された家族の方々に、会社の安全配慮が欠けていたのではないか？と思われても仕方ない。その際に、「他社と比べてどうだったのか？」と引き合いに出されることもある。あまりにお粗末な状態だったとしたら、遺族からの批判だけではなく、マスコミを通じて社会からも批判を浴び、会社の信用を大きく落としてしまうことにつながりかねない。そのような厳しい目で見られないためにも、事前の安全対策が重要なのである。

危機管理担当者のジレンマ

海外に人を送り出す会社の責任は重たいのだ。そして、その役割を担う危機管理担当者の責任も重い。しかし、多くの危機管理担当者は危機管理以外の仕事を山ほど抱えている。海外に送り出す社員の数と、国内で働く社員の数を比べれば当然であると言えよう。

よほど要領が良ければ別だが、あらゆる事態を想定し、その一つひとつに対策を考えていたら時間はいくらあっても足りない。時間も労力も足りなくなれば、緊急事態が発生した際には何らかの対応をするとしても、平時に行うべき予防や準備にあてる余力がなくなっていくことになる。残念ながらこれでは十分な安全対策とは程遠いものになってしまう。

海外派遣者を取り巻く環境は大きく変わった

リスクの変化

このように、ただでさえ限られた時間の中でやりくりしていかなければならない海外危機管理だが、ここにきてさらに課題が増えてきている。それは我が国も含めた地政学上の課題だ。この課題はあまりにも重要だと考えているので、5章、6章で詳しく解説するつもりである。ともあれ、日本にいても他国からの攻撃のリスクについて、年々その脅威が現実のものに近づいていることを感じざるを得なくなってきた。私の職業上、一般の方よりもその脅威を強く感じてしまっている部分もあるのかもしれない。しかし、周辺国の軍備を見てもこの数年間でかなり強化されている事実もある。そして、さらにその脅威を現実に近づけたのが、ロシアによるウクライナへの軍事侵攻である。そこから見えたのは、第二次世界大戦後いろいろな局面があったにせよ、ある程度世界の秩序が保たれていたが、そこに大きなほころびがあったということである。ロシアの見立てでは当初数日でウクライナを制圧できるということであったが、2年近く経っても決着には至っておらず、長期戦となっている。

これを目の当たりにした中国や北朝鮮はロシアの二の舞にならないよう、これを参考にしてより現実的な戦略にたどり着くかもしれない。さらにその後イスラエル／ハマス戦争が勃発し、直接的には関係ないとしてもそこに微妙に中国、ロシア、北朝鮮、イランなどの動きも絡むと考えるとますます複雑になってくる。

我々もウクライナから学ばなければならないことがあるだろう。それは、現実の脅威から目をそらさないことだ。ウクライナの国民はロシアにクリミア半島を奪われたことで、ロシアの脅威を現実のものとして受け入れたのである。そして侵略を受けることに対する覚悟、自分の国を守る強い意志が生まれたのではないか。少なくとも私にはそう見える。

我々危機管理を生業としている者は、クライアントに対して脅威について正しく伝える義務がある。危ないことを伝えないということはあってはならないし、安心させようと実際の危機より小さく伝えることもあってはならない。逆に、恐怖を煽って自分たちのビジネスに有利に使うことはもっとあってはならないと思う。正しいバランスで伝えることが大切だと考える。

戦後日本の平和は長く続いてきたが、この先も永遠に続く保証はなく、世界が変化していくことを直視する必要がある。危機管理は有事の脅威を想定してその対策を考えるのだが、その脅威の質がこれまでと大きく変わったということだ。これまでは犯罪を除けば、テロや暴動、政変などを深刻な事態と想定してきた。戦争の脅威も全く想定していなかったわけではないが、日本が当事国になるという想定はほとんどされていなかった。しかし、先のロシアとウクライナの戦争や、台湾有事などの影響で、日本も当事国になる可能性が出てきている。

脅威に対して直接的な影響を受けたり、脅威の中心に置かれたりするような当事国になると何が変わるのか。テロや暴動を想像していただきたい。爆弾が爆発して何十人ものケガ人や死者が出る。あるいは暴徒と治安部隊が衝突して大勢のケガ人と死者が出る。しかし、戦争となると規模が全く異なる。テロのように特定のスポットを狙い撃ちにするだけではない。都市ごと破壊されるという規模になる。そこに居合わせたとき、本当に安全な場所がどれほどあるのだろうか？　シェルターなどに避難し一定時間身を守ることができたとしても、いったん攻撃が途絶えた後に、外国人が安全に退避できることは保証されるのだろうか？　人権などという概念が果たして通用するだろうか？　逃げ場を失った駐在員を、誰が助けてくれるのだろうか？

また、もし日本が当事国として関わったとしたら、その国にいる在留邦人は敵国人扱いになってしまう。その扱いがどうなるのか。

少し話は逸れるが、私が子どもの頃、ある程度の年配者は皆戦争体験者だった。シベリアに抑留されて強制労働させられていた話や、満州から家族を連れて命からがらに日本に帰国したときの苦労話など体験者本人から聞く機会が多くあった。私が子どもだったので本当に酷い話は聞かされていなかったのではないかと思うが、それでも子ども心に強く焼き付いた話である。

ともあれ、その頃の話はすでに「過去」となった戦時中の話であり、平和になった世界ではもはや繰り返されるようなことはないのだと私たちは勝手に思い込んでしまっている。また、社会も「過去の忌まわしい戦争は二度と繰り返してはいけない」という理屈だけが定着して、現実のこととして受け止める思考を封じ込めてしまっているのかもしれない。しかし、ウクライナの国民に現実に起こったことを見ると、戦争末期の日本に起こったことと何ら変わりないのだと気付かされる。現時点ではまだ核は使われていないが、万一使われたときにはその威力や数は当時と比較にはならないであろう。

戦争の脅威について少し並べすぎたかもしれない。しかし、少しでもその可能性があるのならそれに備えるのが危機管理である。そういった意味で、コロナ前の平時に近い世界と地政学リスクが目の前に迫る今とでは、危機管理の備え方が大きく変わったという点はご理解いただけるのではないかと思う。

従来の危機管理は言わば平時の危機管理で、これから備えていくべきなのは有事の危機管理なのだ。危機管理自体が有事を想定するわけなので紛らわしい話だが、ここで言いたいのは世の中全体が平和なのか、第二次世界大戦のさなかのような荒れた状態なのか、という違いだ。少なくとも日本が巻き込まれた場合は、日本にとっては荒れた状態であり、荒場の危機管理が必要になる。荒れた中では最低限守るものの優先順位が変わってくる。変えざるを得ないといった方が正しいのだろう。それでは今から優先順位を荒場の危機管理に切り替えるのかというとそうではない。なぜなら今はまだ荒場ではないからだ。ただ、荒場にも備えなければならない。二重構造にしておかなければならない。だから課題は格段に増える。

これは経営者も含め、会社ぐるみで取り組んでいかなければならない。

安全配慮に対する意識の変化

社員の権利が大きくなってきた

日本の企業がまだ海外派遣者に対する危機管理に取り組み始める前、私が子ども時代に駐在員の家族として海外で生活していた頃や、保険会社の駐在員としてドイツに赴任していた頃と比べれば、今の企業の安全対策は格段に向上している。

当時は海外に赴任してしまえばすべて自己責任、それこそ外務省のいう「自分の身は自分で守る」であった。現代の駐在員の方には叱られてしまうかもしれないが、その頃と比べると今は至れり尽くせりに見える部分もある。

医療面においては海外旅行保険の普及によるところが大きいが、信頼できる病院のネットワークをいつでも使えたり、言葉の問題があれば通訳派遣なども当たり前になっていたりする。日本で生活しているときと遜色ない、もしくはそれ以上の扱いを受けることもある。家族も安心して帯同することができる。すべての地域で最高のレベルのサポート体制を提供するということは難しいが、平均レベルは底上げされており、ゆえに社員の期待値が高くなってしまっているという事実がある。

海外赴任は自分の意志ではない

そして赴任する際の社員のモチベーションも変わってきている。

日本が高度成長していた頃、海外駐在員に指名されるということは会社の最先端の事業を最前線で背負っていく、ある意味ヒーローになるのだという自負を持っていた人が多かった。また、公私にわたって海外で経験を積むということに大きな価値を感じていた。

しかし今では、海外に行くことに憧れている人は昔ほど多くない。むしろ家族のことなどを考えれば日本にいた方がよほど良いと考える人が増えている。

海外駐在によって得られる経験は、仕事に関しても生活体験に関しても限りなく大きいことは言うまでもない。私がもう一度生まれ変わって海外で働くチャンスがあったとしたら、迷うことなくそのチャンスをつかもうとするだろう。ただ、先述の通り海外駐在するメリットや特別感がかつてほどなくなっている中で、今のビジネスパーソンがそれを検討する際にはどんなキャリアが得られるのか、失うものは何か、会社はどこまで保証してくれるのかということを考え、慎重になるのはむしろ自然なことなのだろう。

駐在員だけではなく、社会全体に自分の権利や人権は守られるのが当然でそれが大きな力によって保護されているという意識が強まっているように感じる。

この漠然と保護されていると思う世界と、ウクライナやガザで現実に起きている世界、いずれも同時にこの世界で起こっている事実ではあるが、あまりにも大きなギャップを感じてしまう。いずれも人の意思によって起きている事実であるが、どちらが人間の本質なのか？

この守られた日本の社会に生きていると、ウクライナやガザで起きていることは同じ世界の出来事には感じられない。しかし、それらは間違いなく現実であり、たまたま日本が長い間その恵まれた環境を享受できていただけに、その状態が普通なのだと我々が思い込んでいるだけなのかもしれない。このギャップを企業の危機管理ですべて埋めることは到底できないとしても、少しでも安全に近づける努力は必要なのではないだろうか。

この時代、企業はどう対処するべきなのか

責任の所在を明確にする

ではこの混沌とした時代の中で、企業の海外危機管理はどうあるべきなのだろうか？　少なくともどのような脅威が考えられるのか、想像してみることから始める必要がある。

過去に起きたことを紐解いていけばある程度の傾向はつかめる。それに現状の流れを重ね合わせていけば、何が脅威として考えられるのかある程度の方向性は見えてくるだろう。

大事なのは誰がそれを考えるのか？　だ。実際には、その当事者が不在になっているケースが少なくない。担当部署も担当者もはっきりと決まっておらず、何となく別

の本業と兼務する危機管理担当者がいるだけだ。これでは実際に海外派遣者の身に何か起こった際、適切な対応を取ることは難しい。事前の安全対策も講じられないまま緊急事態を迎えることになるからだ。

特に大きな組織において、多忙な中で身近にいない他人の安全対策を考える動機の一つは、何かが起こった際に自分の責任を問われる可能性があるからではないだろうか。不純なモチベーションに聞こえるかもしれないが、責任を負わずに本気で他人の安全を考えることができるだろうか？　安全対策は車で言えばアクセルとブレーキの関係になる場合もある。責任を負っていない人がブレーキを踏めと言ったとして、前に進みたい駐在員がそれを信じてブレーキを踏むだろうか。責任を負っていることが明確だからこそ、平時から安全対策を考え、危ないときには声を上げることができるのだ。たとえ言い出しにくい場面であっても、声を上げることが大切なのだ。混沌とした時代の中で的確に舵をきっていくには、まずは誰が責任を負うのかを明確にすることが危機管理の第一歩と言えるのではないだろうか。

脅威分析→対策→安否確認→緊急対応という流れ

責任の所在が明確になったら、派遣先（国）で何が起きるのかを考えてみることだ。駐在員が派遣される地域は、過去に何度もテロが起き、依然としてテロ組織の動きが活発なのか。政府に対する国民の不満が強く、暴動が起きる危険性があるのか。貧富の格差が大きく日常的に強盗事件が起きているのか。など、情報収集することで何が起きる可能性があるのかはある程度見えてくるはずである。

そして、さまざまな事態を考える中で、被害を予防できることもたくさんある。犯罪対策がわかりやすい例だ。自分の行動次第で犯罪者のターゲットにならないようにもできるし、逆に犯罪を呼び込んでしまうこともある。暗い時間帯に犯罪者の多いエリアを歩かない。当たり前のことではあるが、この原則を守らずに被害に遭う日本人は多い。ベテランの駐在員が油断して強盗被害に遭うなどというケースはざらにある。

テロに関して言えば、爆弾が爆発した現場でこれをすれば必ず助かるという方法はないが、テロが起きそうな時期にテロが起きやすい場所に行かないようにすることは可能だ。何も対策しなければ成り行き任せで無事を祈るだけになってしまう。会社にできることは安全教育をすること。タイムリーに注意喚起を行うことだ。

次に安否確認である。テロや暴動が起きた際に、本社から現地にいる社員に安否確認を行う。連絡の手段はアプリ、電話、メール、衛星携帯などいろいろなバリエーションがあるが、無事を確認するだけの目的になってしまっていないだろうか？

例えば社員の滞在先で災害や暴動が起きたとして本社から安否確認を行い、無事の知らせを受け取る。何もなければそれで済む。返事がなければ何度でも返事が来るまで確認の連絡を入れ続ける。もしも災害に巻き込まれて大ケガを負って意識がなかったとしたら、返事ができないのではないだろうか？　確認が取れない状況で、誰が救援してくれるのだろうか？

海外の安否確認はそれでよいのだろうか？　連絡が取れなかったらどうやって本人を探し出すのか、誰に探してもらうのか、考えておかなければいけない。また、何か事件が起こった際には自分から何らかの方法で安否の連絡を入れることをルール化し、一刻も早く救助する仕組みを準備するべきではないだろうか？

危機対応と危機管理の違い

多くの人は「危機対応」と「危機管理」を混同してしまっているように見える。何が違うのか？　「危機対応」は何らかの事態が起こってからの対応、つまりぶっつけ本番のような対応である。一方、「危機管理」は事態が起こってからの対応に加え、事態が起こる前の備えも含まれる。前述の危機管理担当者の指名から脅威分析、予防や救援に結び付くような安否確認などの課題を含めた事前の取り組みだ。「危機対応」にしてもぶっつけ本番ではなく、いろいろなケースを予め想定して対応方法についても多数のバリエーションを用意しておくことができる。

この一連の流れが「危機管理」であり、事態が起きてから動き出す「危機対応」とは根本的に異なる部分なのである。まだ起きていないことに対する取り組みになるので後回しにならないよう、明確な方針を持つことが大切だ。

企業の危機管理とは

企業としてあるべき危機管理とはどういうものなのか? 個人のレベルでも、いろいろな脅威に対して予防をしたり、備えをしたり、何かが起これればその解決に全力を尽くすということに違いはない。あえて「危機管理」という定義をしないだけだ。

では、企業は個人と比べてどうあるべきか。個人は自分の思いや判断でやり方も深さも自由に設定できる。ゆえに、心に余裕があるときは冷静に判断して相応の対策を講じることができるだろうが、忙しかったり緊急事態に陥ったりした場合は手がまわらないし、そこに意識も伴わないだろう。極端に言えば、行き当たりばったりで変わっていくというのが現実だ。それで痛い目を見ても、個人であれば「すべて自己責任」と言えるだろうが、企業の立場だとこのような行き当たりばったりは許されない。危機管理を行き当たりばったりで行うなどということを容認している経営者は存在しないだろう。企業が行う危機管理は、多数の社員の命や安全にかかわるのだから常に安定していなければならないのだ。しかもできる限り高いレベルで安定していることが求められる。

しかし、コンサルタントの立場から企業の危機管理にかかわっているといろいろなことが見えてきてしまう。マネジメントがうまく回っていないと感じることもある。要因はいろいろだ。例えば、企業の危機管理の深さは担当者の知識レベルや熟練度に引きずられていることが多い。

当然のことであるが、初めて危機管理に携わる者が海外で起こっている事態についての情報を見ても、自社の社員の安全にかかわる事項として拾い出せる要素が少ない。また、何となく危ないと感じたとしても、どのように対処するべきなのか、またどのような方法があるのか、不慣れであれば自分が持っている引き出しの数は少ないのである。したがって、この時点で企業の周りに起こった事象への対応は属人的な理由で大きく変わってしまうのだ。

時期によって取り組みの濃淡が変わってくることも少なくない。例えば、大きな事件が海外で起こり、日本人が被害に遭った直後、企業は一斉に自社の危機管理体制を見直し始める。そこでかなり体制が充実する企業も多い。が、その勢いは長くは続かない。メディアが飽きて取り扱わなくなると企業の危機管理に対する興味も薄れていく。熱しやすい日本企業の持つ良い面と言えるが、その反動で冷めてしまうところは危機管理の面から見ると致命的であると言わざるを得ない。残念ながらこの現象は常に繰り返されている。これを改善する方法はいくらでもあるが、これは経営者自身が考えて強い意志で実行しない限り変わらないのではないかと思うので、野暮な提案は差し控えたいと思う。

また、組織の問題も危機管理体制を直撃するので軽視できない。合併や組織改編、さらには担当者の人事異動までもが危機管理体制に大きく影響を与えることになる。組織が変化する前にできていたことができなくなる。一度根付いたものがそう簡単に崩れることはないと思われるかもしれないが、実際にはあっという間に変わってしまう。しかも良い方向に変わることはほとんどない。

問題は先に述べた通り、「誰が本気で心配し、何かが起こったとき、誰が責任を負うのか」という責任の所在だ。

大きな組織であってもそこが見えていないと危機管理は動かない。なぜなら危機管理をやって喜ばれることはほとんどないからだ。つまり、放置しておいたらモチベーションが上がる仕事ではないのだ。だからいったん役割が不明確になったものをあえて掘り出して自分の仕事にしようとする人はなかなか現れない。残念ながら日本における危機管理の位置付けはこれが実態なのだ。

危機管理の宿命ではあるが、事故や事件が起きてから対応するのと違い、まだ起こっていないことに対して備えるのは簡単ではない。何年間も危機がなく、駐在員が無事であったとすればそれは良いことなのであるが、もしかしたらその間に備えたことや労力をかけたことは無駄だったのではないかとさえ思えてしまうかもしれない。

しかし、それでも日々愚直に多分起こらないであろうことに取り組み続ける。これが企業の行うべき危機管理なのだ。そしてそれが途絶えないようマネジメントしていくことが大切なのである。

命を守るためのネットワーク

海外にいる社員を、遠い日本から遠隔操作で守るのは決してたやすいことではない。体験したことのない出来事に対してどのように備えるべきなのかを考えなければならないし、物理的にできることは限られるからだ。また、海外で起きることを体験したことのない人であれば想像力やノウハウが足りないのも当然のことであるので、ハードルはさらに高くなる。

ある程度のコストはかかるが、人を助けるためのネットワークを持つ専門会社を使うのも有力な選択肢だ。海外に進出している企業は当然のことながら、自社の事業を遂行するためのネットワークを有している。しかし、事業のネットワークと治安や医療のためのネットワークは異なるのだ。自社でネットワークを作り上げることも不可能ではないが、手間やコストを考えれば、専門会社がすでに構築したネットワークを活用する方が効率が良い。

また、日々何をやるべきなのか、緊急時の対応はどうすればよいのか、豊富な経験を持つコンサルタントに相談するのが最も的確で失敗がない。そのために危機管理会社やコンサルタントを使うのはとても現実的な選択肢だと言える。

私はそれらを提供する側であるのだが、うまく使ってもらえればとても合理的なサービスだと思っている。なぜなら自社独自で備えるとした場合、緊急事態の数もバリエーションも限られるため、関係者が十分なノウハウを積み上げるには何年もの時間が必要となる。その間、他の仕事をしていれば人件費は無駄にならないかもしれないが、決して効率が良いとは言えないからだ。危機管理を請け負う私の側からすれば、複数の会社の業務を受託することによって効率良く質の高いサービスを提供することが可能になるのだ。

ＷＩＮ－ＷＩＮの関係と言えるだろう。しかし、依頼する企業からすればそもそもよくわからない危機管理を委託するのであるから、パートナー選びも慎重にならざるを得ないだろう。いざというときに本当に役に立つのか、相談には親切に対応してもらえるのか、アドバイスは本当に適切なのか……。実際に何か起こってからでないとその答え合わせはできない。しかし、それからでは遅いので、委託する先は慎重に選ばなければならない。

ポイントとしては、どんな人間が実際に対応してくれるのか、緊急事態が起こったときにどのように助けてくれるのか、どのような仕組みで助けることができるのか、どのような経験があるのか、などだ。対応する側もスーパーマンではない。そうなれば何ができて何ができないのか、当然限界があるはずなのだ。その限界を正直に説明してくれるかどうか？　また、その危機管理会社と自分の相性が良いのかどうか、これもとても大事なことだ。相性が悪いと質問と回答がかみ合わないことが多くなる。平時においてそのような状態であるのに、緊急時にパニックになっているときに果たしてまともなコミュニケーションが取れるだろうか？　それでは委託する側にとっても委託される側にとっても不幸な結果になってしまう。

最終的には人と人との信頼関係なのだ。信頼関係だけでどんなことでも乗り越えられるとは言わない。しかし、有事の際は企業も危機管理会社も二人三脚で走るしかない。信頼関係があるとないとでは、できることの限界が違ってくるのではないかと私は考えている。そんな基準で危機管理会社を選ぶことをおすすめしたいし、私もそのようなお客様の役に立てれば大変うれしい。

今、トップに求められる決断は

従来型の危機管理ではもう守れない

実際にどこまでできているのかは別にして、前述したような従来型の危機管理を行うのは社員の命を預かる企業としては最低限の義務であると言える。

そして、現在のように「戦争」という明らかに高いレベルの脅威が明確になってきた以上、新たな課題に対応できる危機管理も求められる。

新たな課題に対応できれば従来の危機管理も整う

これまでに十分な危機管理が整っていなかった企業からすれば、ハードルが二倍三倍になったように見えるかもしれない。確かにハードルが高くなったことは間違いないが、実際に企業のコンサルティングを進めていくと、新たな課題に取り組むことによって従来型の危機管理も自然と整っていくことを実感する。

安全配慮義務を満たすのが目的ではない

危機管理体制構築に関するセミナーの中で「安全配慮」に関する話をすると、受講者は一斉にメモを取り始める。真面目に話を聞いてくれるのはありがたいが、私は安全配慮義務を満たすかどうかはあくまでも結果であり、まず考えるべきはどこまでやれば満たされるのかではなく、社員の命を守るために何をするのかということだと伝えている。

したがって、他社が何をやっているのか、どこまでやるのかというような形にとらわれすぎず、赴任先や出張先でどうしたら社員の命を守れるのか、という観点で考えていくべきなのだ。その上で何らかの事態が起こってしまったとき、想定を超えるかもしれないが、それでも事前にイメージしておいた方が緊急時における選択肢は増えるし、危機対応に対する頭の訓練もできている状態で本番に臨むことができるのではないだろうか。

他社の動向を見て判断する？

本章の最後に、今喫緊の課題となっている戦争リスクについて触れておきたい。

戦争リスクの対策の柱となるのは国外退避である。セミナーや講習会で国外退避を実行する際のトリガーについて議論する中で意見を尋ねると、多くの危機管理担当者は「他社の動向を見て判断する」と答える。もちろんこれだけを判断材料にするわけではないと思うが、時によってはむしろ判断を誤る原因になる危険性がある。

例えば、「他社が退避するらしいから当社も退避する」であればまだよいのだが、「他社は退避しないから当社も退避しないでよい」といった場合はどうだろうか？　他社の判断が正しいのか？　もしくは危険であることに気付いていないのか、あるいは危険なことはわかっているが何らかの事情があって退避しない、退避しなくても安全のための備えが十分できているなど、それぞれの事情もあるかもしれない。

また、さらに問題なのは「ほとんどの会社は退避を考えていないから当社も退避しない」という判断だ。これでは多くの企業が進む方向が正しくて、少数派になってしまうことは間違っている、ということになってしまい、多くの他社が動かない限り判断を変えるのが難しくなってしまう。他社の社員が逃げ遅れているのなら当社の社員も逃げ遅れても仕方ない、しかし早めに逃げてその後に情勢が好転したらそれは誤った判断になるので許されない、と解釈せざるを得なくなってしまう。どちらをとっても結果が想定と逆になることはある。

その結果として「逃げ遅れ」を覚悟するのか、「空振り」となることを良しとするのか？　これはトップが決めるべき方針である。

第2章

海外危機管理担当者の課題

事前の準備に取り組む価値

前章ではなぜ企業が海外危機管理をしなければならないのかについて述べた。海外危機管理は何かが起こってから対応をするのではなく、平時から海外派遣者が被害に遭わないようにするための予防や、緊急事態に巻き込まれたとしてもできる限り被害を小さくするための準備などをしなければならない。むしろそのような有事に行うべき課題よりも、危険が迫っていない平時に行うべき課題の方がはるかに多い。少し極端な表現だが、平時の予防や準備がうまく機能していれば、海外で犯罪被害に遭わずに済んだり、何らかの事態に巻き込まれても大きな被害になることを食い止められたりするのである。

何がいつ起きるかは誰にもわからない。であれば、何がいつ起きてもよいように準備をしておかなければならないのだ。何も起きなければ準備は無駄になる、と思われるかもしれないがそんなことはない。準備不足で失うものを考えれば、どんなに手間がかかったとしても、時間がかかったとしても、十分に取り組む価値はあるのだ。

海外危機管理の基本

以上を理解していただいた上で、「海外危機管理の基本」から考えていこう。個々の緊急事態が生じたときの課題は第3章で解説するので、ここでは海外危機管理の理屈について触れていくことにする。具体的には何が脅威となるのか、どんな風に分類できるのか、それぞれに対する課題は何なのか、といったところがポイントとなる。

まず、危機管理の対象とするべき脅威は何なのか。海外派遣者を取り巻く脅威について、実際のシーンをイメージしていただいたらわかりやすいだろう。海外赴任者や出張者が渡航した際に必ず通るのが国際空港の到着ロビーだ。そこには飛行機を降りたばかりでその土地に不慣れな外国人がたくさんおり、長旅で疲れ果てて注意力も鈍っている。そんな彼らは犯罪者にとって格好の的なのである。空港は犯罪者の巣窟と言っても過言ではない。さらに、街に出れば外国人を狙う犯罪者もいる。日本にいても感じることがあると思うが、その国の人にとって外国人は良くも悪くも目立つ存在だ。その人が「外国人」であることがわかると、それだけで現地の事情に疎く、海外

脅威の分類

を行き来することができる程度に裕福、つまり金目のものをたくさん持っているだろうという予測ができる。

また、日本にいると想像が難しいかもしれないが、海外ではある日突然街中で暴動が起こることがある。地域によってもちろん異なるが、軍が突然クーデターを起こす例も少なくない。さらに、テロや誘拐なども、日本企業が進出している地域で起こることは決して珍しいことではない。

その他、感染症によるパンデミックがあり、交通事故に至っては日本ほどリスクの低い国はむしろ珍しい。東アジアに限って言えば地政学上のリスクが近年特に際立っている。

次に、脅威の分類について触れておく。海外派遣者を取り巻くこれらの脅威をわかりやすく示すと右の図のようになる。これらは自分の努力で小さくできるもの（コントロール可能）と、自分の力ではどうにもならないもの（コントロール不可能）に大別できる。

自分の努力でコントロール可能なものとして、「誘拐」「一般犯罪（強盗、スリなど）」「事故」「火災」「病気・感染症」が分類される。自分が努力しても起こること自体を止められないものは「自然災害」「戦争」「政変」「暴動」だ。「テロ」は発生自体を止められないが、行動次第で被害を避けることはできるのでその二つとは分けて分類される。

コントロール可能な脅威については避けるための努力をし、コントロール不可能な脅威については発生時に備えるのが基本となる。あまりにも当たり前のことのように見えるかもしれないが、残念ながら多くの人がこの基本すらできていないのが実情だ。テロは、発生することは避けられないが、巻き込まれることは自分の努力で避けられる。

脅威に対する予防と6つの準備（平時対応）

さて、ここから具体的な危機管理について述べていくが、平時（日常的）と有事（緊急事態）とではあらゆる面で対応が異なってくるので、それぞれ分けて解説をしていく。まずは平時についてだ。平時の課題については、簡単に言えば「予防」と「準備」にまとめることができる。

ここで言う予防とは、「避けるための努力をする」ということだ。最も基本となる予防は日本からの出張者、これから現地に行く赴任者、すでに現地に着任している駐在者に対する安全教育である。安全教育は、犯罪被害の防止やテロからの身の守り方、暴動・クーデターなどの際の対策、交通事故、大ケガ、急病など多岐にわたる。それぞれの立場やタイミングを踏まえて教育をしないとなかなか安全な行動に結びつかないという特徴がある。

また、赴任先の環境整備、つまり現地拠点や駐在員住居の防犯対策の点検や改善も大切だ。地域の治安情勢によっては通勤経路の安全も確認し、状況によっては安全対策を講じることも必要だ。ある程度の防犯や警護の技術、現地治安情勢の知識も必要となるため、専門家を派遣することも一つの選択肢である。

さらに、治安情勢は刻一刻と変化するので、治安情報のモニターも重要な課題と言える。例えば政府に対する国民の不満が高まって暴動が頻繁に起こっているなど、情勢に変化が生じてきたら、本社で危機管理を行うものは出張者や駐在員に注意喚起を発出したり、巻き込まれないよう行動制限を指示したりしなければならない。

場合によっては一時的に国外退避を行うこともあり得る。どのような状況になったら退避するのか、現在の状況をどのように判断するのかなど、関係者間（駐在員、危機管理チーム、その他関係部署）で確認し合っておかないと、いざというときの足並みが揃わない。その結果、土壇場での判断が遅れ、退避のタイミングを逃してしまう危険性がある。だから、平時から関係者間でリスクコミュニケーションを行うことが大切なのである。

平時においてもう一つの大きな課題は、緊急事態の発生時に備えてできる限りの準備を整えておくということである。いったん緊急事態が発生してしまうと時間との戦いになる。限られた時間の中で最善の対策を講じていかなければならない。その際、事前にどこまで準備していたかで、対策に大きな差が生まれるのだ。昔の子どもは、

「寝る前に明日着る服をきれいにたたんで、起きたらすぐに着られるようにしなさい」と言われたものだ。夜中に地震が起きるかもしれない、火事になるかもしれない。戦時中であれば空襲があるかもしれない。これらはすべて緊急事態への備えなのだ。寝る前なら、眠くても衣服をたたむくらいの余裕はある。こういう準備をしておけば、結果的に何もなかったとしても、朝起きて服をどこに脱いだかわからなくなって探したり、裏返しになっているシャツを表に戻してから着たりすることに時間や労力をかけずに済む。そう考えると、寝る前のひと手間は決して余分な労力にはならないし、時間の無駄にもならない。平時にやっておいた方が合理的なことはたくさんあるのだ。

平時に行うべき準備①　24時間365日の連絡受付体制

最低でも社内の緊急対応体制と24時間365日の連絡受付体制を整えておいていただきたい。海外で出張者や駐在員がトラブルに巻き込まれて本社に救いを求めたときに電話が通じなかったらどうだろうか？　本人がどこまで本社を頼りにしていたのか、そのときに本社がどのように救ってあげることができるのかは別にして、海外から本社に電話をしてくるとすれば本人はかなり切羽詰まった状況になっていることは容易に想像できる。企業の危機管理の話なので、そういう連絡は事務所で受けることになるが、平日の9時から17時までが勤務時間だとすれば、17時から翌朝9時の16時間は連絡が取れない時間帯となる。さらに週末、祝祭日、年末年始などを加味すると、リアルタイムで本社が連絡を受けられる時間は1年のうち2割程度にしかならないのである。

時差もあるので世界のどこかで社員が救いを求めようとした場合、連絡が取れる方が珍しい、ということになってしまう。常時連絡を受けることができる何らかの仕組みを構築しなければならないことは言うまでもない。

平時に行うべき準備② マニュアルの策定

私はコンサルタントとしてこれまで数多くの企業の危機管理マニュアルの策定に携わってきたが、そうしたマニュアルの必要性を感じられている方は多い。それと同時に、マニュアルの機能については過信されている方が多いのも事実である。マニュアルはあくまでマニュアルであり、過信は禁物だ。なぜなら、どんなにわかりやすく表現したとしても、想定した緊急事態に対して行う緊急対応をできる限り汎用化して文章にしているものであって、それらを熟読したからといって想定外の事態に対してあらゆる知恵が湧き出てくるというものではないからだ。

マニュアル策定にかかわるメンバーは、想定する緊急事態を共有している必要がある。例えば暴動が起きて街中の治安が急速に悪化した場合、その街にとどまるのか、安全な場所を探して避難するのか、あるいは長期間にわたって収束する見込みが立たなければ、定期便が運航している間に一時帰国するのかなど、多岐にわたって対策をしておかなければならないからだ。身に迫る危険と判断のタイミング、そして判断が裏目に出たときの責任など、実際に体験しないと見えてこないことはたくさんあるが、そうしたさまざまな状況を織り込んだ上で講じる対策について自分の頭で考えるというプロセスをたどっていく。思考プロセスをたどることは、緊急事態の疑似体験となり、それによって想定通りの事態でなくても、類似したことが起きた場合にも適切に対応できるようになるのである。

マニュアルに書いてあることだけを何回読み返したとしても、応用問題に対する答えを導き出すことは難しいだろう。変な話ではあるが、マニュアルには消費期限がある。時間と共にノウハウは劣化していくし、言うまでもないが担当者が交代したらノウハウは限りなくゼロに近づいてしまう。また、マニュアルを文章として伝えるだけでは、実際に知っておいてもらいたいことの一部しか伝わらないのだ。マニュアルはあくまで概要を伝えるための道具であるということも理解しておいていただきたい。

では、どうすればよいか。緊急時に適切な対応ができるレベルになるためには作成に携わったものが伝道師のように熱く伝えていくしかないだろう。また、マニュアルを配布された人が１００％理解していなかったとしても、本社の事務局が理解しており、必要なタイミングで指揮できれば問題ないと思う。

平時に行うべき準備③　国外退避計画

政治体制の不安定な地域は暴動や政変が起きやすい。また、地政学上のリスクを抱える地域は戦争のリスクを抱えている。いずれも最悪の事態を想定すると国外退避を視野に入れておく必要がある。そのような地域に関してはいつ危険が迫ってきても速やかに国外退避ができるように、予め国外退避計画を策定しておくべきだ。直近の東アジアの状況を考えると喫緊の課題だ。国外退避は平時での移動とは根本的に異なり、危険が伴う中での迅速な移動を余儀なくされる。逆に危険な状態になることを予想し、まだ安全なうちに退避しようとすればその判断を下すには関係者との議論が必要となる。

以上のようなことも含めてどのような状況の中でどのような手段で退避するのか、また退避するまでの間どのように身の安全を守るのかなど、想定するべきことや事前に準備するべきことは多い。そしてそれを関係者間で共有し、意思を統一しておかないといざというときに安全に退避することは難しいだろう。後述するが、少なくとも今は台湾、中国、韓国については早急に検討するべきだ。

平時に行うべき準備④　机上訓練

マニュアルについての話でも述べたように、何らかの事態が発生したときにはいろいろな要素が組み合わさってくるし、その上時間のプレッシャーも積み重なってくる。そのような中で司令塔として冷静な判断をし、次々に手を打っていくにはある程度の経験値も必要だ。しかし、そんな緊急事態が毎日のように起こることはない。緊急事態が起こらないことは良いことなのだが、それでは経験値が上がることもない。そのために模擬的に机上訓練を行い、同時に複数の課題が重なった場合や短時間で判断していくプレッシャーに慣れておくことも大切である。何もしないままある日突然緊急事態の連絡を受けたとしたら、頭の中が真っ白になってしまうことだろう。

平時に行うべき準備⑤　専門サービスの調達

実際の対応に関しては外部の専門サービス（行方不明捜索、国外退避、緊急医療　など）

の調達も必要だ。例えば駐在員が行方不明になり、一日経っても行方がわからないので現地では警察に届けようか困って本社に相談してきた。こんなときにどう指示したらよいのか？　地域によって対応の仕方も変わってくる。考えられる可能性は何通りもある。初動対応によって解決までの時間も変わってくるし、場合によっては本人を危険にさらしてしまうこともあり得る。行方不明以外にも、国外退避の際は定期便が停止した、もしくは満席で予約ができないといった事態の中でチャーター機を手配しなければならないこともある。医療体制が脆弱な国では、深刻な病気になって日本や最寄りの医療水準の高い国に搬送しなければならない。こんなときはそれぞれ異なる専門業者を使わないと対応が難しい。それも緊急事態に陥ってからではなく、平時から関係を構築しておいて安心して任せられる先を作っておくことが望ましい。状況によっては初めて使う先にいきなり機微な相談をしなければならないことになる。

平時に行うべき準備⑥　専門会社の起用

緊急時におけるこれらのノウハウを、一般の方が持っているわけではない。しかも当事者になってしまうと冷静な判断をすることは難しくなる。具体的な相談や支援を得るために専門会社のコンサルティング（教育、情報、アドバイス、危機管理マニュアル、各種危機対応計画）を受けることが現実的だ。

しかも平時から有事までを一貫して行う専門会社を起用しないと、本当に責任を持ったアドバイスを得ることができないかもしれない。万が一危機対応がうまくいかなかった場合の原因は、予防や準備の問題とも言えるし、緊急対応が誤っていたという言い方もできる。平時と有事の一貫したコンサルティングでないと、このような場合の責任の切り分けができないのではないだろうか？　また、悪気はないとしても平時のアドバイスと有事の対応の考え方が食い違っていたら、少なくとも良い結果を得るのは難しいと考えるべきだ。

脅威に対する予防と準備（緊急時対応）

社内対応

緊急時の対応は大きく分けて社内で行う対応と、依頼した専門業者に対応してもらうものに分けられるが、まずは社内対応について述べていく。

社内の対応としては、前述した待ち受け体制で緊急連絡を受けるところから始まる。電話による連絡の他、メールやＳＮＳなどの手段で連絡を受けることもあり得る。また、危機管理会社やコールセンターなどに委託して第一報を受けることも考えられる。

連絡を受けたら直ちに対策事務局を招集する。担当者が一人で対応することもあり得るが、重大な事態であれば複数の人が連携して対応するべきである。そもそも緊急事態に慣れている人はいないのが普通であり、突然入ってきた事態に頭の中が真っ白になり、そのような状況で判断を下した場合に判断ミスを犯すことがある。重大な事案であれば対策本部が立ち上がる仕組みはできあがっていて、常に複数の立場から検証ができるが、そこまで至らない事案についても複数の人間がかかわった方が冷静な判断を下すことができる。数人の対策チームを決めておき、第一報の受付から初動対応まで相談しながら進めていける体制を組むことをおすすめしたい。

多くの会社では平時の危機管理担当者は一人しかいないことが多いが、緊急対応については複数の人間を予め指名しておけば、危機管理会社や保険会社など社外の関係者への連絡や社内関係者とのすり合わせなども分担して同時に進めることができる。

社員がテロや誘拐などの被害者になった場合、その情報を聞きつけてメディアが動き出すことがある。テロの場合は必ず動くと思った方がいい。そのような場合には、メディア担当も必要になる。メディアが伝える情報により会社の社会的なイメージが大きく左右されることもあるからだ。広報部との役割分担は予め決めておくとよいだろう。

社員の命にかかわるような場合は、家族のケアを一元的に担う者も必要になる。家族は被害に遭った社員を最も心配している存在であることを忘れてはならない。

専門業者対応

海外で起きていることに対して現場で臨機応変に対応していくには、どうしても専門業者の対応に頼らざるを得ない場面がある。

国外退避は航空機を使う場合が多いが、定期便に乗れない場合はチャーター機を飛ばすこともある。そのような場面で飛行機を手配したり、現地の空港までの移動をエスコートしたりするなどといったことは、通常使ったりしている旅行会社では対応できないケースがある。このような国外退避を専門に扱う会社や、海外での病気やケガの際の病院手配から専用機による医療搬送などを行う会社、さらに誘拐事件や脅迫事件のように特殊な事案を扱うコンサルタントなど、日常あまり表に出てこない専門会社がある。海外で起きる多様な事態に的確に対応するためには、このような専門業者のネットワークを使わなければならないことも多い。もちろん一企業から見れば緊急事態が常時起こっているわけではないので使う頻度は低いが、いざというときは直ちに動いてもらう必要がある。また、緊急対応は誰にとっても不慣れなことであり、平時から有事までの一貫したコンサルティングを受けることが望ましいことはすでに述べてきたが、緊急事態が発生した場合の社内対応についても適切なアドバイスを受け、専門業者への指示についても会社の方針が正しく伝えられる必要がある。

これらの課題をこなすためには、社内では平時からの体制作りが必要であり、専門業者については忘れがちなコンサルティング機能（対応方針のアドバイス、情報収集、緊急対応支援など）も含め、事前に委託先を選定しておくことが大切だ。特に緊急時には慌てていることを前提とした対応を想定しておいていただきたい。

終息後の対応

組織の危機管理において「再発防止」は大切な課題だ。一つの事案が終息した後には、必ず関係者で振り返りを行う必要がある。終息に至るまでの各段階で対応に誤りがなかったかどうかを検証する。例えば出張先で強盗に襲われたとして、犯罪の多い街を深夜に一人で歩いていたなど本人の行動に問題はなかったのか、会社は事前に出張者の安全教育を行っていたのか、行く先の治安状況を伝えていたかなどだ。現金やカード、パスポートまで盗られてしまった本人が電話で本社に救いを求めようとしたが、時間外で電話を受ける体制がなかったなど、反省して繰り返さないように体制を整えるのが組織としての具体的な課題だ。

しかし、同じ失敗が繰り返される例は少なくない。この程度のことであればまだよいが、人命にかかわるようなことだと、会社と本人だけの問題ではなく、家族にとっても重大な問題になる。そしてそれが事件であったりするとメディアが報じることになり、社会的な関心の対象になってしまう。たとえ、会社に何らかの落ち度があったとしても、会社も被害者側であることに違いはない。不祥事の報道とは根本的に異なるので、同情され、ある程度の不備も許されるだろう。ただし、似たような被害が再発したとしたら今度はメディアの伝え方も厳しくなり社会からの批判を受け、会社の安全配慮を問われることになる。組織の危機管理には多くの関係者がかかわるため、再発防止もすべての関係者が揃って取り組まなければ同じことが繰り返されることになってしまう。

時系列で見る海外危機管理の課題

平時と緊急時の課題については前述の通りであるが、これらの課題を時系列に並べると、次ページの図のようにどの時点で何をやるべきなのかという全体像のイメージができあがる。

大きな流れで言うと、最上段の大きな矢印で示した流れで「平時→警戒時→有事→終息」という段階に区分できる。「警戒時」はここで初めて述べる概念であるが、例えば暴動が起きる前にデモが頻発しているなど、有事の予兆が見えているという段階を指している。

2段目で示しているのは、それぞれの時点での課題で、具体的には前述した通りであり、平時、警戒時には「予防」と「準備」、有事には「緊急対応」、終息時は「再発防止」という課題になる。

そしてそれぞれの段階の具体的な課題は3段目に示してあり、『予防』としては「安全教育」、「環境整備」、「治安情報のモニター」、「注意喚起」、「リスクコミュニ

海外危機管理の課題（時系列）

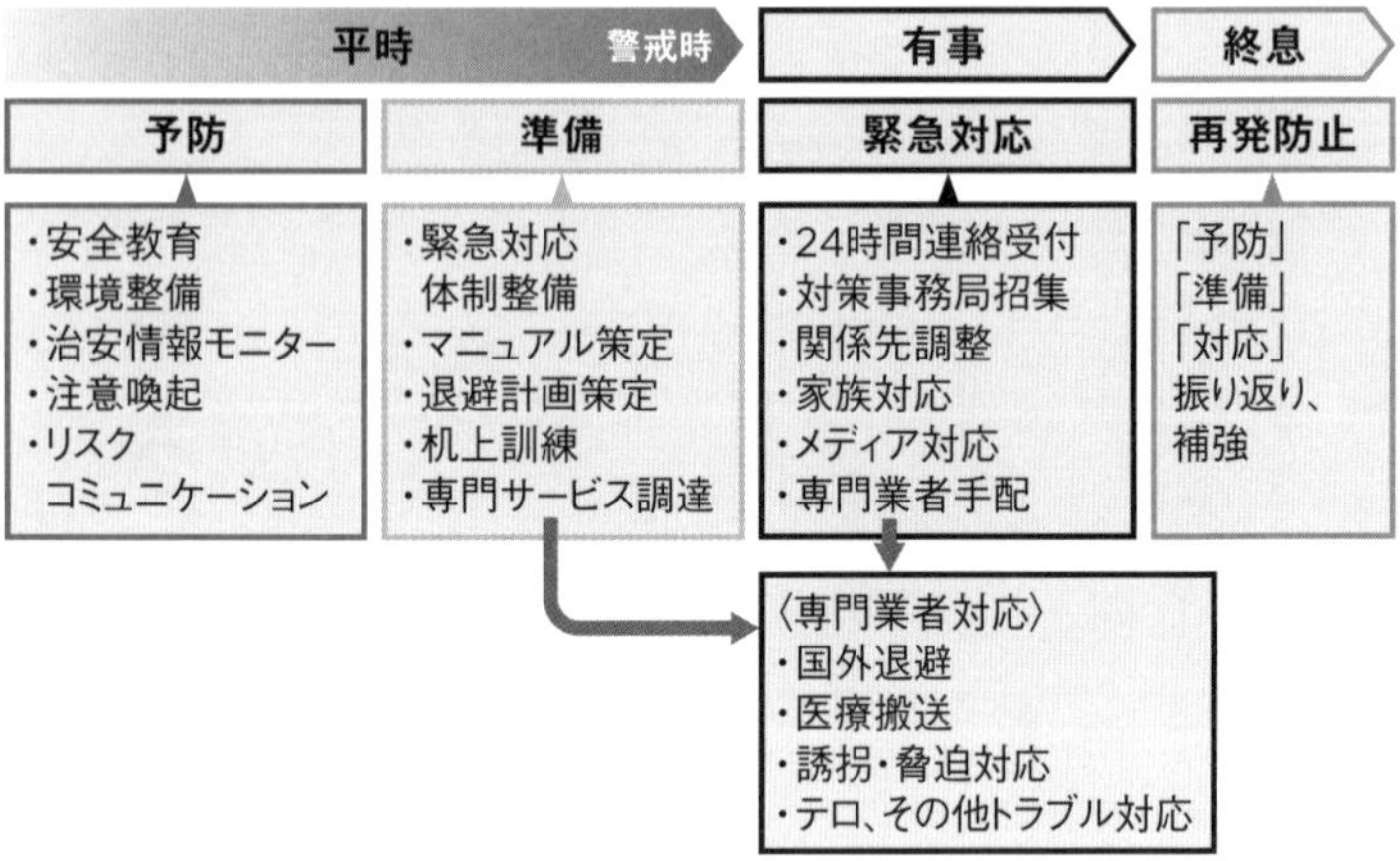

ケーション」などがある。『準備』は「緊急対応体制の整備」、「マニュアル策定」、「退避計画策定」、「机上訓練」、「専門サービスの調達」など。『有事』は専門業者対応の前に社内における対応が先で、「24時間連絡受付」、「対策事務局召集」、「関係先調整」、「家族対応」、「メディア対応」、そして最後に「専門業者手配」という流れである。『終息』後は、各段階を振り返り、弱点の補強を図る。

　これが時系列でまとめた課題だ。海外危機管理の課題はたくさんあるので、どの時点で何のために行う課題なのか、イメージとして頭の中で整理しておいていただきたい。

海外危機管理のマネジメント

これまで海外危機管理を行う上での個々の課題について解説してきたが、数多い課題をどのように解決していくのか、どう管理していくのか、「海外危機管理のマネジメント」についてもあわせて解説したい。

マネジメントについてはＢＣＰ（事業継続計画）とＢＣＭ（事業継続マネジメント）のように考えていただきたい。ＢＣＰは事業上の具体的な緊急事態対策プランを指し、ＢＣＭはそのプランを作成し、適用し、維持し、改善するための全体的な管理体系を指す。海外危機管理にも自社全体のグランドデザインが存在し、個々の課題に対する取り組みや対策を実行し、それを継続し、改善するという全体のプロセスの管理体系が必要なのである。

まずは、役割分担、組織間の連携、人材の育成など、取り組みや対策を実行するためのプラットフォーム、すなわち危機管理体制の構築が必要だ。この段階で海外危機管理マニュアルを策定すると全体像がつかみやすくなり、単なる組織論ではなく実際の緊急事態を前提とした具体的なイメージが見えてくる。

そして体制が立ち上がったら、日々の運営を積み上げていくことになる。危機管理担当者のデイリーワークは、自社の社員が活動している地域で身に危険が及ぶようなことが起きていないかを確認することから始まる。重大な異変があれば対策を考え、必要に応じて状況を確認したり現地に安全対策の指示を行ったりする。その他、海外に送り出す社員の安全教育や派遣先の治安情報の社内共有など、日々こなしていく業務はいくつもある。これが軌道に乗ってくれれば、危機管理はうまく回っていくことになる。その間に海外で社員の身に起きるいくつかのトラブルにも直面し、その解決に翻弄されることもあるだろう。

危機管理担当者の置かれた環境によってではあるが、ここまではたどり着く危機管理担当者は多い。しかし、問題は社内異動で危機管理の業務を後任に引き継ぐとせっかく積み上げてきたノウハウがうまく伝わらず、それまでうまく回っていたマネジメントも崩れてしまうことだ。多くの企業がこのパターンに陥っている。おそらく前任者が重要なことを引き継いでいないということはないであろう。できる限り伝えたとしても、後任者からすれば初めて担当する危機管理を簡単には理解できない。危機管理以外にもたくさんの業務を引き継ぐ後任者としては、引き継ぎの時点で理解できなかったことは、本人の業務から抜け落ちていく。社外から見ているとこの現象は極めて顕著だ。数年前に起こった重大な事案、そのときに対応したこと、苦労したこと、積み上げたノウハウが消え去ってしまうのだ。これは前任者のせいでも後任者のせいでもない。危機管理を維持するためのマネジメントの問題である。いくら危機管理の経験を積んでも、引き継ぐ相手の後任者に危機管理の経験がなければ引き継いだことはどんなに丁寧に説明されても正しく理解するのは難しい。

大きな代償を支払った経験やノウハウを維持するためには、「体制維持」を視野に入れた教育体制やローテーションが必要なのだ。もちろんこれは危機管理担当者個人の問題ではなく、経営層が考えなければならない問題である。しかし、このような事実があること、そして、仕組みを変えなければ担当者が交代する度に起きる問題であることを指摘し、マネジメントの方法を変えていかなければならないと提案するのは、その経験をした担当者本人の役割でもあると言えるのではないだろうか。

このように危機管理担当者の業務に境界線はなく、何をどこまでやればよいのかという正解はない。唯一正解があるとすれば、それは海外にいる仲間の命を守ることであり、そのためには社内の部門を乗り越えることも権限を越えることも選択肢として考えなければいけない。昼も夜も休日もないが、それを担当するものは現実のさまざまな制約の中でそれをやり遂げなければならない。常識で考えれば成立しないことに取り組まなければならないという、実に損な役回りだ。ただ、慣れない土地で働く仲間の命を守るためには、誰かが真剣に考え続けなければならない。また、危機管理は本来の業務から見たらブレーキを掛けるように見えることも多く、良かれと思って出した指示やアドバイスには感謝されないかもしれない。それでも自分が担当している間は、そんな使命感を持って取り組んでいただければと思う。

マネジメントに関してよくある6つの問題

海外危機管理のマネジメントは、会社の外側から見ると企業ごとにさまざまである。本当に良く練り上げられてバランス良く効果的に運用できている企業もあれば、大きなリスクを抱えていることに気付きながらも何の対策も取っていない企業、海外のリスクについては現地任せで本社の責任ではないという考えの企業など実に多様である。なぜそこまで認識の振れ幅が大きくなってしまうのか？　それは目に見えないからだ。危機管理は何かが起きる前に予防や準備を行うことであるため、現時点でその必要性は目に見えないものである。

とは言っても、日本国内のことであれば自分の体験であったり、親から聞いている話であったり、何が危ないのか、そしてそれに備えるにはどうしたらよいのか長年学んできており、生活の中で誰もがさまざまな危機管理を無意識のうちに実行しているのだ。しかし、海外となると余計見えにくく、自分の経験値もないし教えてくれる人もいない。こんな理由で企業ごとにばらつきが出てしまうのだ。参考までに多くの企業に共通する問題点を以下に挙げておく。

①海外危機管理の担当部門が明確に定められておらず、管理者不在

事業リスクと異なり、海外派遣者を対象とした人のリスクに対する責任をどこの部門が負うのか、明確に決まっていない企業は多い。そのため、予防や準備といった危機発生前にやっておくべきことが宙に浮いてしまっている。実際に緊急事態が発生した際は、どこの部門が担当するのか当初はもたつくものの最終的にはどこかの部門が担当することになる。しかし、動きが後手に回ることは言うまでもない。その上、担当者にとっては何の準備もなくいきなり降ってくるのであり、うまくやれという方が無理だろう。大規模な組織改編によって危機管理が抜け落ちてしまうことも多い。

②前任者からうまく引き継ぎされていない

このケースは極めて多い。理由は二つあると思う。一つは業務の合理化であり、前任者がやっていたことを合理化していくのはサラリーマンとしては当然の務めであり基本的には正しい。しかし、合理化できない業務というのもあり、危機管理はまさにその一つなのだが、普段は目に見えないものを扱うので合理化の対象となりやすい。そして、緊急事態は定期的に起こることではないので、やるべきことをカットしてしまったとしても緊急事態が起きるまでは誰も気が付かない。一旦構築した危機管理が、このようにして担当者が変わる度に劣化していってしまうのだ。もう一つは、前任者が伝えていることが理解しきれないという問題だ。前任者は危機管理の大切さを認識し、それを実行してきているから後任者にも一生懸命伝える努力をする。しかし、後任者は危機管理の業務は初めてであり、理解したくても一気には呑み込めない。引き継いだ業務には、危機管理以外にも時間に追われる業務がたくさんある。そのような中で優先順位は落ちていき、理解できないまま忘れていってしまう。

③組織のノウハウになっていない

危機管理の担当者がいればその人に危機管理の仕事が集まるのは仕方のないことだ

が、その担当者が不在のときに緊急対応が遅れてしまう。また、前述のように転勤した後、組織としてノウハウが途切れてしまう。そのためには担当を複数名にしたり、あえて役割分担するなどかかわる人間を増やしたりして組織としてのノウハウを積み上げておかないと、緊急時の対応に支障をきたしてしまうことになる。

④危機管理が担当者の業務として認知されていないので、安全対策に専念できない

危機管理の業務を行うことが組織の課題として明確に織り込まれていないと、担当者の働きが正しく評価されないだけでなく、最悪の場合、危機管理に時間を割いていること自体を担当者が後ろめたく感じてしまうことになりかねない。こんな状態では日本よりもリスクの高い海外で働いている駐在員はたまったものではない。それは不条理とも言えるのではないか。少なくとも危機管理担当者はその不条理を他の関係者よりは理解しているはずなので、社内における危機管理の位置付けを変えていく努力は続けるべきだ。危機管理を怠ると会社として最悪どのような不利益を被ることになるのかを、経営層に伝えることができるのではないだろうか？　その上で、仮に危機管理をしなくてもよいという結論が出たのであれば、そこから先は何が起こっても担

当者は責任を免れることになる。しかし、担当者が重大な欠陥に気付きながらもその改善の提案をしなければ、責任を果たさなかったと判断されるかもしれない。

⑤緊急対応の部分しか見えていない

危機管理でわかりやすいのは緊急対応だ。実際に目の前で事故や事件などが起きれば、誰の目から見てもそこに労力を注ぐことやコストがかかることに正当性を確信できる。ただし、これから起きる可能性の部分についてはなかなか見えにくい。さらに、見たくないし想像もしたくないという意識で封じ込めてしまいがちだ。そのため、起きたときの対応については予め準備をしたとしても、安全調査や安全教育などといった起こらないようにするための予防までは見えてこないというケースが多い。しかし、企業としてそこは見落としてはならない。それが安全配慮であるのだ。

⑥わかりやすいサービスのみを調達し、本当に必要なサービスが置き去り

危機管理や医療の専門会社からサービスを調達する場合、それらが緊急時の対応に偏ってしまう場合が多い。しかし、企業が調達するのはそこだけでよいのだろうか？それ以外には何が必要なのだろうか？　新たな進出地域に人を送り出すにあたってど

のような安全体制を取るべきなのか、現地の医療体制をどう構築したらよいのかなど、企業の危機管理のマネジメントについて日々相談する先が必要なのではないだろうか。また、危険度の高い地域については国外退避計画を策定する、あるいは駐在員も交えて安全に関してのリスクコミュニケーションを図るのにアドバイザーとして参加してもらいたいなど、日常的に相談できるサービスが最も必要なのではないだろうか。そのような相談先があれば緊急対応の際も的確なアドバイスを得ることができ、実際の対応についても信頼できるネットワークを使うことができる。このようなコンサルティングサービスはなかなか見えにくいかもしれないが、危機管理のマネジメントに関しては網羅的で最も役に立つサービスだと言える。

社員の命を考えれば日々相談することがあるはず

世界各国に駐在員を派遣している会社ならば、どこかの地域について不安や課題がない日はほとんどないのではないだろうか。しかし、平時に駐在員との交信がほとんどないとしたら、治安が悪化したりテロが起こったりした際の緊急時に果たしてコミュニケーションが取れるのだろうか？　物理的には交信できたとしても、信頼関係はどうなのだろうか？　担当者と駐在員の信頼関係を醸成するのは、平時からコミュニケーションを重ねることだ。治安情勢の確認やちょっとした事件でも様子を尋ねるなど、あえて信頼関係構築のためにコミュニケーションを取ることも必要なのだ。忙しい業務の中でそのようなことに時間を割くのは無駄に思えるかもしれないが、それも含めて危機管理と考えていただきたい。

異なるサービスでコストを比較する

日々危機管理のアドバイスやさまざまな緊急対応を行う傍らで、私の会社は未取引の企業に対する営業活動も行っている。企業の課題を聴取し、サービスの紹介を行い、その次は見積もりを提出する。最近は「複数の会社から相見積もりを取りたい」

と言われることが増えた。当然のことだと思う。

もし、あなたが見積もりを確認する場合、値段だけで決めることは避けるべきだ。サービスの内容はさまざまで、有事に特化したわかりやすいシンプルなサービスと、平時から有事までのコンサルティングも含むオールマイティーなサービスでは価格帯が大きく異なるが、その違いを知らなければただ「安い」か「高い」としか見れないだろう。どこから何を買うかを決めるのはあくまでもお客様の判断なので致し方ない。しかし、自社にとって何が必要なのか、何のためにサービスを調達するのか？社員の命を守ることに万全を期するためではなかったのか？というところを第一に考えて、最適なプランを選んでほしいと思う。

これから求められるマネジメント

危機管理を担当される方は、たくさんの業務を抱えている場合が多い。そのような多忙な方々にとっては、これまで述べてきた危機管理の課題はあまりにも多く、重く感じられたのではないか。「海外にいる人の命を守る」、しかも、日本から遠隔操作で守るという難しいミッションを成功させるためには、どうしても一定の「手間」がかかることは致し方ないとご理解いただきたかったのだ。ただ、何よりも大切なのは「仲間の命を何が何でも守りたい」という「思い」である。

連日のニュースで実感している方も多いかもしれないが、今、世界情勢は大きく動いており、海外派遣者に及ぶ脅威はかつてないほどに高まっている。大きな危機に直面したとき、「予測できなかった」「準備できなかった」で済ませてしまってよいのか。企業として大きな判断を迫られているのではないかと思う。

第3章

緊急事態のシミュレーション、会社の判断は？

シミュレーションから「自分事化」する

第2章では、海外での危機にはどんなものがあるのか、その種類と海外危機管理の基本、そして危機管理マネジメントにおける共通の問題点について述べたが、これだけではまだイメージしづらいかもしれない。

そこで本章では、海外で緊急事態になったとき、「会社としてはどんな対応をするべきか」についてシミュレーションを行っていきたい。

この内容の大半は、実は私の会社が無料で開催している「海外危機管理体制構築セミナー」で公開している。セミナーをスタートした当初は、我が社のサービス内容を広く知ってもらう——という営業的な目的が強かった。しかし、回を重ねるごとに充実度は増してきた。15年以上続けてきた現在では、緊急事態のシミュレーションを通じて危機管理の在り方について深く学ぶといった、より実践的な内容へと進化してきたのだ。

　この後にご紹介するストーリーと設問について考えていただくことによって、実際に緊急事態が発生した場合、本社にどのような課題が降りかかってくるのか、またその際の危機管理担当者の心理状態まで疑似体験することができる。この体験により、緊急事態発生時の対応だけでなく、平時からの予防や準備がなぜ必要となるのかを理解し、納得していただくことができる。

　どの内容も実例に基づいてストーリーを考えている。ぜひ参考にしていただきたい。ここでは、海外で起こり得る5種類の異なる緊急事例を通じて、それぞれ会社として取るべき対応をシミュレーションしていきたい。課題の後に解答を書いているが、解答や解説をすぐに見ることはせず、まずは自分で熟考して答えを出してみていただきたい。

事例 1

海外において交通事故で出張者が重体になったケース

問題 1

中国内陸部の都市に出張中の社員が現地のタクシーに乗車中事故に遭い、病院に運ばれた。第一報は「意識不明」。近隣に会社の拠点はない。連絡を受けた危機管理担当者はどのような初期対応を取るべきか？

正解例

①家族へ第一報
②対策関係者へ連絡・招集
③現地支援体制を検討

解説

まず必要なことは、家族への連絡だ。ケガを負った者は社員である以前に家族の一員であり、最も心配しているのは家族であることを忘れてはいけない。次に対策関係者への連絡と招集だが、こういう重大な案件は極力複数で対応した方がよい。一人で対応すると頭がパニックになり、冷静な判断が下せない可能性もあるからだ。また、短時間で同時に複数の対応を迫られることもあり、許容される時間内で確実に対応するためには複数の人間で対応するのが現実的だ。

そして、現地には誰が駆けつけるのか、このような際にすぐに飛び出せる社員が必要だ。また、それは現地で自在に動ける人間であることが前提だ。このような支援体制は、その場で人選を考えるのでは時間のロスになってしまうので平時から支援体制を決めておかなければならない。できれば現地に何度も行った経験がある者、海外でコミュニケーションを取ることに長けた者をリストアップしておくとよい。そしてリストアップされた者は常にパスポートの期限が6か月以上残っているようにスタンバイしておく必要がある。

問題2

第一報から3時間後に第二報が入った。現地のドクターによれば、本人は頭部を強打し、脳に出血があるらしい。ドクターは、容態がもう少し安定したら上海まで搬送し、専門医の手術を受けることを勧めている。この時点で、連絡を受けた海外危機管理担当者が行うべきことは?

正解例

①家族への続報
②社員を現地に派遣する
③日本大使館への連絡
④保険会社・アシスタンス会社への連絡

解説

安否を気に掛ける家族への連絡は常に最優先させる。いろいろな対応に追われているとついつい連絡を忘れてしまうこともあるので、家族への連絡担当を決めておくとよい。

意識不明で外国の病院のベッドに横たわる社員のもとには、一刻も早く支援する社員を到着させる必要がある。現地入りした社員にはケガをした社員の付き添いだけでなく、関係先との調整、治療状況の中継、家族の現地入り後のサポートなど多くの業務が待っている。また、家族が駆けつけるに際してパスポートを持っていないケースは多い。このような事情であれば、外務省に依頼することでパスポートの緊急発券をしてもらうことができる。その場合、外務省は現地の在外公館に事実確認を行うため、早い段階で在外公館にも事故の一報を入れておくとよい。

また、日本まで医療搬送を行う可能性のあるケースなので、契約する保険会社やアシステンス会社があれば、できるだけ早く連携を取るべきだ。アシスタンス会社とは、医療事案が生じた際に緊急対応するサービス会社のこと。海外旅行保険に加入している保険会社に連絡すれば、提携しているアシスタンス会社が動くことになる。企業が個別にアシスタンス会社と契約している場合は、そこを利用するのでもよい。

問題3

対策を行うメンバーは予め決まっているのか?そしてそれはどのように周知されているのか?

正解例

①社内規定に則ったメンバー
②危機管理マニュアルに沿ったメンバー　など

解説

ここでは対策メンバーが一刻も早く動き始めなければならないが、連絡が入った際にどこの部署が担当するのか明確でないと、担当部署につながるまでにロスタイムが出てしまう危険性がある。場合によっては一刻を争う対応が必要であったり、短時間のうちに医療的な判断が必要だったりするため、単純明快な連絡ルートが必要だ。そして重要なのは規定もしくはマニュアルで担当部門を〝見える化〟しておくことだ。社内での共通認識がないと海外から入ってきた連絡が担当部署にたどり着くまでにさまざまな部署にまわり、何の手も打たれないままタイミングを逸して、事故に遭った社員の命が危険にさらされることにもなりかねない。

問題4

その後の治療について、誰がどのように判断するべきか？

正解例

①現地の医師の見解
②産業医の見解
③保険会社、アシスタンス会社の見解
④家族の判断

解説

遠くからの手配になるので、最初はどうしても実際に患者と接している現地のドクターの見解を優先することになるだろう。日本側ではセカンドオピニオンとして、会社が契約している産業医の見解を確認しておくことも大切だ。それと並行して費用も含め、保険会社やアシスタンス会社ともコンタクトを取りながら検討を進めるべきだろう。搬送が必要になった場合には費用が高額になる。そして、その費用は新型コロナの流行以降かなり高騰しているので、海外旅行保険の限度を超えることもある。

医療搬送や手術などの最終的な判断は、必ず事故に遭った社員の家族にゆだねる。海外医療に詳しいドクターや専門医の意見を聞いた上で会社はそれを家族に伝え、最終的な判断は家族が行うということを忘れてはならない。


交通事故で出張者が重体になったという事例１の対応上のポイントについて整理しておこう。大ケガも急病も本社としての課題は概ね共通である。本社側の対応は、ほとんどの場合、本人が医療機関に緊急搬送された後から始まる。時間との戦いであり、直ちに使えるネットワークがどれだけあるかも重要な要素だ。

重要なポイントは次の７つ。

１．本社関係者の初動立ち上がりのスピード

切迫した中で医療対応の重大な判断を伴うこともある。連絡を受けたら最短の時間ですぐに対応できるように、平時から連絡受付体制を整えておく。毎日のように緊急連絡が入るのであれば体制は自然と整っていくが、忘れた頃に連絡が入るというのが現実であることを前提にしなければならない。

2．家族対応

事故に遭った本人は、社員である以前に家族のある身であることを尊重する。自分が本人の身内だったとしたら最愛の家族のために何をしてあげたいのか、という視点で考えながら迅速に連携して対応することが大切である。

3．支援要員

支援要員は間違いなく必要になる。拠点が存在しない地域についても、直ちに対応できる体制が必要だ。事故が起きてから人選を始めるという手順では、以降の対応が後手に回って事態が悪化する恐れがある。平時から対象地域ごとに人選を行い、スタンバイしておくことが大切だ。

4.転院の際の搬送体制

発生場所の医療水準によっては国外搬送を選択しなければならない場合もあるので、医療搬送サービスが必要となる。十分な保険を契約していれば現地での病院の転院に限らず、日本への医療搬送が必要な場合にも対応できるが、保険の対象としていない地域はそのような手配ができるサービスを予め確保しておくことが重要だ。

5.保険の活用

保険の利点はかかった医療費を保険請求できる点であるが、危機管理の面からするとさらに大きなメリットがある。切迫した状況の中で、費用支出のことを考えずに医療搬送など必要な対応を迅速に手配できるという点だ。海外の医療費は日本に比べて全般的に高額である場合が多く、病院での救急医療や航空機による医療搬送などは、日本の常識では考えられないほど高額になる場合がある。費用支出の決裁に時間がかかると人命にかかわるので、保険の限度額も平時にきちんと確認し、十分な金額を設定しておく必要がある。

6.平時でのシミュレーション

事故は突然起こり、ケガをしていれば容体も刻々と変化している。そのような連絡を突然受けたときに慌てない人間はいない。その前提で平時から定期的に社内で緊急対応のシミュレーション訓練を行っておくとよい。たとえ架空の訓練であっても何もしないよりもはるかに冷静に対応することができるようになるのだ。

7.海外医療の相談体制

海外医療の環境は日本とは違う。地域によっては医療水準に問題がある場合も少なくない。また、病状や経過を現地の医師から聞き取るのも簡単にはいかない場合が多い。海外の医療事情や、海外からの医療搬送の知識のある医者や医療機関との相談体制を作っておくとよい。

これは事故の一例にすぎないが、主なものだけでもこんなにたくさんの課題がある。ここからさらに、その他の事態についても考えていきたいと思う。

事例2 海外現地法人の所在地で暴動が激化したケース

問題5

アジアB国の首都Y市では、反体制派による暴動に軍隊が出動し、多数の死傷者が出ている。外務省は危険情報のカテゴリーを「レベル1：十分注意してください」から「レベル2：不要不急の渡航は止めてください」に引き上げた。この時点で本社が取るべき対応は?

正解例

①出張者、駐在員の安否確認
②新たな出張の規制
③退避の検討開始

解説

まずは同地への出張者や駐在員の安否を確認し、新たな出張者は事態が収束し、安全が確認できるまでは規制する。状況がさらに悪化し、滞在者の身に危険が迫る危険性が顕著になってきた場合には国外退避が必要となる。日本からの出張者は駐在員と比較すると現地に不慣れであり、治安が悪化すると自分で身を守るのが難しいため、早めに帰国させる必要がある。いずれにしても帰国の判断をした時点で空港までの移動が危険な状態になっていたり、定期便が欠航したりしていては、危険度が高まった地域で籠城せざるを得なくなってしまうので、状況の見極めと早めの判断が欠かせない。そのためには、平時から治安が悪化した際の対応について検討しておくことが大切である。

問題6

駐在者に対してどのような指示を出しますか?

正解例

①行動制限を指示する
②一時避難先を検討する
③国外退避の準備を行う

解説

事態が収束するまで、現地駐在員の行動は、職場と自宅の往復だけに制限する。そして駐在員の住居が今まさに暴動が起きている地域であれば、暴動が起きていない地区に立地する警備が行き届いているホテルに避難することも検討する。一時避難先として選択するホテルは多少費用が高くても5つ星級のホテルをおすすめする。格の高いホテルは、警備もしっかりしているので、万が一、暴徒が押し寄せてきたとしても宿泊客の安全を守ることができる可能性が高い。また非常事態においては水や食料などの生活物資が必要となるが、ホテルであれば常時宿泊客に食事の提供が可能なので、安全で快適に過ごすことができる。状況によっては避難先のホテルから直接国外退避を行うことも考えられるので、空港までのアクセスも考慮するとよい。

国外退避の準備はフライトの確保に加えて空港までの安全な移動が課題である。非常事態下においては多くの外国人が同時に退避するので、早めに判断しないとフライトの予約が取りにくくなる。このため、情勢変化と空席状況の両面をウォッチしておく必要がある。

問題７

事態はさらにエスカレートし、日本人にも負傷者が出た。外務省は危険情報をさらに一段階引き上げて「レベル３：渡航は止めてください（渡航中止勧告）」を発出した。これを受け、新たな出張については禁止することとしたが、Ｙ市の駐在員の退避につ

いてはどう判断すればよいだろうか？

正解例

①家族の退避

②駐在員の退避の準備

解説

レベル3は、企業によって判断が分かれる。危険度が明らかに増している状況において、少なくとも駐在している社員の家族は退避させるべきだ。そして駐在者自身も、いつでも退避できるように準備をする。企業によってはこの段階で駐在員を退避させる企業もある。また、一部の駐在員を退避させる、という方針を出す企業もある。退避の準備は航空券の確保など渡航上の問題と、業務の問題の両面がある。退避を決定してから業務上の課題を片付けるのに時間がかかってしまうと、退避のタイミングを逃してしまう恐れがある。退避を決断すれば翌日には飛ぶことができる、というレベルまで準備を進めておくことが大切だ。

事例2で取り上げた事態は暴動だが、ここで学んでいただきたいのは治安が悪化し始めてから国外退避に至るまでのプロセスについてである。このプロセスは暴動以外にも政変、戦争、クーデターなどにも共通で、いずれの事態もエスカレートすれば国外退避につながる事態なのだ。感染症によるパンデミックも国外退避に至った点では同様である。

ここで、国外退避に至るまでのプロセスで大切なポイントを8項目、整理してお伝えしよう。

1．治安の悪化に応じた対応計画を立てる

外務省が発出する危険情報の段階に応じた退避計画を立てている企業は多い。しかし、外務省は現地状況に即対応して情報を発信するとは限らないので、あくまで判断基準の一つと位置付けるべきであろう。現実に起きている状況を敏感に察知し、安全サイドに立った対応をしていくべきである。早めに退避しても社員が命を落とすことはない。しかし、タイミングを逃したら危険にさらされることになる。判断する時点で正解はわからないが、わからない中でどちらを選ぶのか、これを予め決めておくことはできるのだ。

2．退避手段を確保する

まずは定期便で退避するが、欠航になった場合や満席で席が確保できない場合にはチャーター機を確保する必要がある。しかし、このときに注意すべきは、空港が閉鎖されたらチャーター機も飛べないということだ。したがって、チャーター機ありきの退避計画はとても危険だ。そして次の手段として、航空機がだめなら海路、陸路も併せて検討する必要がある。言うまでもないが、定期便が運航している間に退避することが基本である。

3．退避に向けた課題を整理する

退避に向けた課題はたくさんあり、退避の手段の問題や業務上の課題は前述の通りである。ここで時間がかかってしまったのでは、安全に移動できるタイミングを失してしまう恐れがある。そして、もう一つ整理しておかなければならないのは退避に関する会社の方針であり、これには関係者間で合意も必要だ。例えば、社員の安全と事業の優先順位は曖昧な場合が多いが、基本方針として社員の安全を後回しにしている会社は見たことがない。しかし、実際の場面では退避の判断にあたって、現地人スタッフに対する責任から容易に退避できないと考える駐在員は多い。最近では大使館がアフガニスタンから退避した際に、アフガニスタン人のスタッフも大使館員と同時に退避させるべきだったという議論があったことから、他の国においても現地人社員を退避させることを考える企業が増えている。これはあくまでも私見であるが、アフガニスタンの場合、取り残されたスタッフには命の危険が生じることになるため、人道上退避させるべきであるが、これは例外であり、他の国においては基本的に現地人社員を国外退避に含める必要はないと考えている。

もう一つ、駐在員が退避を決断する際の足かせになるのが「自分の判断で早めに退避した場合に、本社でどう見られるのか？」という不安である。

このように、社内関係者間で退避についての考え方、基本方針、優先順位など現実的な課題を整理しておかなければタイムリーな退避は成立しないのだ。

４．リスクコミュニケーション

退避計画を策定したから有事の際の準備は整っている、と考える企業は少なくない。確かに退避計画に着手していない企業に比べれば、数歩リードしているのは間違いない。しかし、有事の際に策定した退避計画があれば本当にそれが機能するのか、かなり疑わしい。退避計画には退避に関する基本的な考え方や方針、退避のトリガーの例示などが示されているであろう。退避計画策定の過程で関係者が十分に議論していたとすれば共通の考え方や方針は共有できていると考えてよいかもしれない。しかし、退避計画において今現在がどの段階にあるのか、これは地図上の現在地がどこなのかということにも似ているが、自分が今どこに立っているのかがわからなければどの方向に進むべきなのかもわからない。そのために関係者間でこまめにリスクコミュニケーションを行い、自分たちの地図上の座標を常に確認し合っておくことが重要だ。

国外退避において最も重要なのは、個々のケースにおいて何のために国外退避を行うのかということである。目的は、その地に滞在し続けることによって増大するリスクを避けるためである。それではそのリスクはどのくらい大きいのかということだが、究極は命にかかわるということである。交通事故でもテロでも運が悪ければ命を落とすこともあるのだ。例えば、一人の駐在員がテロで死傷する確率と、戦争が起こって滞在する都市がミサイル攻撃や空爆を受けた場合に死傷する確率は大きく異なる。ウクライナのキーウを想像していただきたい。外国人としてあの状況に置かれることは到底受け入れがたい。そのように最悪の場合にどの程度の確率で被害を受けるのか、またどの程度深刻な被害になり得るのか、ということを冷静に想定するべきであり、その想定によって退避の優先度が変わってくるのではないだろうか。見落としてはいけないのが、平時と有事の環境の違いで、有事の際には周囲は誰も助けてくれない。また社会インフラが機能しなくなる。そんな環境の中で、外国人がサバイバルできるのかという点だ。平時の生活に慣れてしまうと有事の想定が甘くなり、退避計画が曖昧になっているケースが少なくない。

事例 3

海外現地法人のある地域で連続テロが起きたケース

問題8

日曜日の夕方、本社の危機管理担当者が自宅でテレビを見ていると、バンコク市内にある外国人の多い繁華街で連続テロ事件が発生したとの臨時ニュースが流れた。バンコクには駐在員3名とその家族がいて、出張で行く社員も多い。さて、どんな対応が必要だろうか？

正解例

①駐在者、出張者の安否確認
②安否確認と同時に避難指示を出す

解説

直ちに安否確認を取らなければならないが、危機管理担当者は自宅にいるので、会社に行かなくても駐在者へ連絡をすることができるのかどうかが課題である。また、出張者についてもその時点で誰が行っているのか、確認できるかどうかも課題である。アフターコロナの今は自宅からも会社内のデータにアクセスできるようになっている企業も多く、これは大切なポイントである。

そして、このケースは連続テロである。直ちに安否確認が取れたとしても、次の攻撃が起きれば巻き込まれる可能性がある。繁華街のようなテロの危険性の高い場所にいるのなら、一刻も早く安全な場所に移動するよう指示を出すことも必要だ。

いずれも、危機管理担当者が自宅にいたとしてもその場で対応することができるような仕組みにしておくことが大切だ。

問題9

安否確認をしたところ、1名の出張者が爆風に巻き込まれて大ケガを負い、病院に搬送されたことがわかった。他の出張者及び駐在員とその家族については無事が確認できた。この状況において、日本の本社にはどんな課題があるだろうか?

正解例

①日本にいる家族への対応
②メディアへの対応

解説

家族対応とメディア対応はセットで考える必要がある。テロの発生を日本の報道番組で知ったのであれば、すでに日本のメディアも動いているということになる。つまり、メディアの記者が被害者の日本の自宅を訪れる可能性があるのだ。自宅に記者が殺到するような事態が起きないよう家族を守るのも会社の大切な役割だ。その状況により、家族をどこか秘匿性の高い場所へ避難させるようなことも含めて、普段から危機管理の一環としてメディア対応を検討しておく必要がある。

問題10

駐在員や出張者に対して平時からどのような対策を取るべきか？

正解例

①被害防止の教育を行う。例えば安全講習を実施する

②警戒時の行動を規制する

解説

平時の取り組みについては、社員を海外へ送り出す前に十分な安全講習を行っておくこと。テロが発生している現場では会社が彼らを守ることはできない。そのため、対応方法についての駐在員や出張者自身の知識の有無が重要なカギとなる。

対応策としては、平時に安全講習を始め、被害防止のための教育を手厚く施してお

くことだ。また、いわゆる「テロ発生の警戒時期」、例えばイスラム教地域のラマダンのように、テロの危険性が上がる時期には、人の多く集まる場所にはなるべくいかないなどの行動制限を行う必要がある。

このように平時からできる限りの対策を講じることが社員を守るために必要であるが、これは事件が起きた後、メディアも必ず関心を示す部分である。取材を受けた際に、会社が駐在員や出張者に対し平時から安全対策を実施していたかどうかについて問われることになる。社員がテロに巻き込まれて、会社は何も安全対策を講じていなかったとなると会社の責任が厳しく追及され窮地に陥ることになるだろう。

爆弾テロが発生したときの大切なポイントを整理する。

テロについては、大きく分けて発生後の対応と巻き込まれ防止対策の二つが主軸となる。

まずは事件をモニターする

事件発生後、直ちに安否確認を行うには、事件発生を一刻も早く知る必要がある。

この事例では危機管理担当者がたまたまテレビを見ていて事件を知ることができたが、ここで気付かなければ半日後になるか、翌日になるか、安否確認が大幅に遅れることになる。無事の確認だけであれば遅れてもあまり問題はないが、避難指示が遅れたら次の攻撃から救えたかもしれないチャンスを逃すことにもなり得るのだ。もちろん次の攻撃があったとしたらの話であり、さらにそこに巻き込まれたらという前提にすぎないが、起こる可能性があることを防ぐことが危機管理である。

24時間365日、直ちに安否確認が取れる体制が必要

24時間365日の体制が必要であるが、実際には危機管理担当者一人で対応するのは不可能だ。したがって、組織でそのような体制を組むか、待ち受け業務を外部に委託するなどの分業も検討するとよい。

メディア対応

テロの場合は報道されるので、メディア対応も視野に入れる必要がある。事件が起きてからでは、さまざまな対応に追われる中で適切なメディア対応を行うことは難しいので、平時から緊急時のメディア対応に備え、どのように対応するのかを想定して

おくことが大切だ。

専門家への相談体制

テロが起こりやすい状態の現地に滞在中の社員の二次被害の防止や、大ケガを負って入院している負傷者の対応には、セキュリティの専門家や海外医療に詳しい専門家への相談体制を持っておくことが必要だ。

予防教育

テロの現場で自らの身を守ることができるかどうかは、その瞬間における自分自身の行動次第である。テロの危険がある地域に社員を送り出す会社としては、そのための予防教育を行う責任がある。

行動基準

テロの脅威の状況によっては、現地での巻き込まれを避けるために行動範囲や時間帯などの危険回避の行動を取らせるための行動基準の作成が必要だ。そしてその基準は実際に行動する社員にとって現実的な基準であることも大切だ。少しでもリスクのある行動をすべて禁止したり、テロの脅威が下がっている中でも無理に守らせたりするような基準であったらすぐに形骸化してしまうことも考慮しなければならない。

事務局の机上訓練

このような事案が発生した場合、事務局が解決のための戦略を立てないで受け身で対応していたのでは、対応が後手に回り、行き詰ってしまう危険性がある。

起こり得る最悪の事例を想定した机上訓練によって疑似体験を行うことで、実際に発生した場合にある程度冷静に対応することが可能になる。想定通りのことが起こるわけではないが、少なくとも心構えが違ってくる。

このようにテロへの対応は事件が起きてからの対応だけでなく、平時からの予防や準備次第で発生時や事後の対応が変わってくるということを理解いただけたかと思う。

事例4 パンデミックへの対応

新型コロナウイルス感染症の渡航上の対応はこの本を執筆中の現時点では収束しているが、将来異なる感染症によりパンデミックが発生する可能性もあるので、振り返っておきたい。

問題11

アジアC国は、大きなイベントが開催されるまで、新型コロナウイルス感染者が国の統計上、ほとんど0に近かった。ところがS市でイベントが開催されると感染者は急増、都市封鎖が行われた。これにより当局の厳しい管理のもと、外国人も含めて外出が禁止された。その結果、住民の不満が爆発し、抗議運動が散発した。さらにその後、他の都市でも封鎖が相次ぐ。幸い拠点が所在する都市では感染者が出ていない。拠点の責任者に確認したところ、同地では何の不安もなく通常の生活を送っている。現地従業員や他の日本企業の目もあるので特別なことはしないとのことであった。

本社としてどのように対応したらよいだろうか?

正解例

①駐在員全員のヒアリングを行う

②都市封鎖の可能性を視野に入れた対策を指示する

解説

これは実際によくあったケースで、多くの場合で日本の本社と現場の判断が一致していなかった。近いうちに急激に感染が広がり、都市封鎖へと至る可能性もある。身近な場所の脅威は実際に起きるまでは人の動きは普段と変わらないため、普段と変わりないのだと錯覚してしまう。また、脅威の感じ方には個人差がある。楽観的な人もいれば、恐怖におののいている人もいるだろう。現地の拠点責任者だけでなく、駐在員全員にヒアリングを行うべきだ。今後起こり得る最悪の事態を視野に入れ、十分な議論を尽くした上で対応を決めることが大切だ。

問題12

現場の意見を尊重した場合の最悪のシナリオとは、どんなケースだろうか？

正解例

①長期のロックダウンが行われ食糧が枯渇する

②その時点で帰国したくとも帰国できなくなる
③駐在員や家族が罹患し、強制隔離される
④体調を崩しても通常の受診ができない
⑤長期の封鎖によって駐在員の心が病む

解説

これらも実際に起こった事例だ。日本の本社と海外拠点の責任者は最悪のシナリオを想定し、共通認識を持っておく必要がある。また、こうした事例は海外に限らず日本でも起きていたことだ。日本国内でさえもつらい状況なのだから、海外ではもっと苦しいことだろう。また、現地に慢性疾患を抱える社員がいるならば、予めその対策を考えておく必要がある。

新型コロナウイルスに関する危機管理体制について、課題と併せて整理しておこう。

１．最悪のシナリオを想定する

先に紹介した最悪のシナリオを常に念頭において判断すること。

2．関係者間のリスクコミュニケーション

情勢が変化した際にタイムリーに退避するためには、普段から関係者が情報を共有し、方向性、危機意識をすり合わせておくことが必要だ。

3．最新状況の監視体制を敷く

感染状況や医療機関のキャパシティなどは、国や地域ごとに毎日状況が変化している。退避するとしても航空機の運航状況や空席状況などでその可否が変わってくる。こうしたバラバラの情報を常にキャッチし、判断する必要がある。

4．たとえ残留を選択した場合でも退避を視野に

たとえ残留するという判断をしたとしても、新型コロナウイルスの感染状況は日々変化することを頭に入れておくこと。常に退避という選択肢を心がけておくこと。その上で状況が悪化した場合には、必ずしも一旦決めた残留に固執するのではなく、柔軟に判断する必要がある。

新型コロナウイルス感染症に対する渡航上の対応は執筆中の現時点で収束している

が、今後起こるかもしれない新たなパンデミックに備えて、危機管理の重要課題として想定を絶やさないようにすることが大切である。２００７年から２００８年にかけて、多くの日本企業は新型インフルエンザを想定したパンデミック対策を策定した。その頃は企業の危機管理の中で最優先課題であった。その後、人に感染する豚インフルエンザがメキシコを中心に流行し、世界的パンデミックになりかけたが、毒性が低く、その後時間と共に日本企業におけるパンデミック対策は忘れ去られてしまった。危機管理にとって時間は大敵である。今回のパンデミックの教訓をどう生かすか。報道や世間の話題から徐々に消えていくことは間違いない。皆さんの会社の中で単なる昔話として終わらせてしまうのか、危機管理の重要課題として風化させないように生かすのかを考えていただきたい。

事例
5

誘拐事件が発生したときの判断と行動

問題13

中南米A国の現地法人社長の田中さんはいつもと同様に8時ちょうど、社有車で会社に向かった。11時過ぎになっても田中さんが出社しないため、佐藤副社長は奥さんに問い合わせの電話を入れた。田中さんの携帯電話に電話をしても電源が入っていない状態だという。

この状況で、どのようなことが考えられるだろうか？

正解例

①事故
②急病
③誘拐
④失踪

解説

まず頭に浮かぶのは「事故」ではないだろうか。急病もあり得る。しかし、国や地域によっては「誘拐」もあり得る。「失踪」は自分から消息を絶ってしまうわけだが初期段階では誘拐と紙一重だ。

問題14

現地法人の佐藤副社長はこの時点で何をするべきだろうか？

正解例

① 日本の本社に連絡する
② 行先を確認する

解説

連絡が取れなくなった場合、さまざまな可能性が考えられるが、たとえ1％でも誘拐の可能性があるのならば、必ず日本の本社に連絡すること。誘拐対策は本社が行うべき仕事だ。誘拐事件における企業側の対応には正しい知識に基づく判断と冷静な対応が不可欠なので、本社で対応することをルール化する必要がある。

問題15

その後、事態が進展し、夕方、麻薬カルテルの組織を名乗る男から、佐藤副社長の

携帯電話に連絡があった。内容は「田中は我々が拘束した。警察に通報すると田中の命は保証できない。解放の条件は追って連絡する」というものだ。この電話で相手（犯人）に確認するべきことは？

正解例

①田中さんの本人確認
②田中さんの生存確認

解説

犯人は誘拐したと言っているが、まずは果たしてそれが事実なのか、事実ならば誘拐されたのが本当に田中さんなのかを確認する。何よりも重要なのは生存確認だ。その際、本人の声を聞かせてくれと伝えるべきだが、そもそも電話口に田中さんを出してくれない可能性の方が高い。

こうした場合に有効な手段として、田中さんと家族が知っていて犯人は知らない情報を家族から得て、質問を投じ、犯人の口を通じて確認するという方法がある。一般的な情報だと、犯人がSNSで下調べをしてあったり、本人に訊問していることも考えられるので、例えば田中さんの母親の旧姓、新婚旅行で行った場所、あるいは子どもの頃に可愛がっていたペットの名前など、他人はほとんど興味を持つことがないが、本人が確実に記憶していると思われることなどが考えられる。

問題16

田中さん本人の誘拐・生存が確認できたら、現場はどのように動くべきか?

正解例

①情報を秘匿する
②日本の本社へ続報を詳細に報告する
③現地日本大使館に通報する

解説

まず行う必要があるのは情報の秘匿だ。なぜなら誘拐の事実を広く知られてはならないためだ。事態は現地法人のトップ数名で対応する必要がある。万が一、誘拐事件が起きていることが外部にもれると、犯人側にこちらの動きが筒抜けになったり、事件に便乗して利益を得ようとする輩が出てくる可能性がある。

次に重要なのは、本社と連携しながら状況判断していくことだ。誘拐が起きるような治安の悪い地域の現地警察はうかつに信用してはならない。なぜなら犯人組織とつながっている可能性があるからだ。これまでにも海外で警察がからんでいる誘拐事件がいくつもあった。その一方で、現地在外公館（日本大使館や総領事館）はその国の治安当局の上層部とつながっているため、信頼できるルートを確保している。また、誘拐事件への対応経験もある場合が多く、アドバイスを得ることもできるので在外公館への通報もおすすめする。

問題17
現地からの第一報を受けた日本の本社側はどんな対応を取るべきか？

正解例
①外務省に通報する
②本社の中に対策本部を立ち上げる
③情報を秘匿する
④コンサルティング会社を起用し適切なアドバイスをもらう
⑤誘拐された社員の家族への対応をする
⑥本社の社員を現地に派遣する

解説
海外で起きた日本人の誘拐については、日本国内の警察の管轄ではなく、外務省の領事局の邦人テロ対策室という部署に連絡する必要がある。この部署は365日24時間対応しており、起きている状況を共有し、ともに事態に対応してくれる。

企業として大きな決断が必要な局面も予想されることから、本社内の対策本部設置は必須だが、情報秘匿の観点から限られたメンバーで運営する必要がある。身代金目的の誘拐への対応は特殊なケースで、こうした事案を扱っているコンサルティング会社に相談することも重要だ。なぜなら誘拐事件の交渉は、犯人側の組織との微妙なやり取り一つで身代金の額が大きく変わってしまうだけでなく、交渉の進め方一つで人質の命にかかわってくるからだ。また、犯人の言いなりになって要求を100％飲めば人質を早く返してもらえると思う人が多いが、実際にはその逆なのだ。味を占めた犯人の要求はエスカレートして繰り返されるので、解放は遠ざかってしまうことになりかねない。身代金の要求が1回だけで、途中で要求額を引き上げてはいけないなどというルールはどこにも存在しないのだ。このような微妙な交渉のノウハウが必要となるため、実際の誘拐事件を扱いなれているコンサルティング会社の助けを借りるのが最も安全だ。誘拐が多発する地域に社員を派遣している会社は、平時からこうした会社と連携を取り、体制を整えておくとよいだろう。

その他、誘拐された社員の家族の動揺ははかりしれず、親戚や知人に相談することで情報がもれる可能性も考えられるため、そうならないよう細心の注意を払う。家族だけの対応のために社員が一人以上ついてサポートすることが重要だ。

また、現地には社員を送り、十分な人数の体制を作りたい。身代金目的の誘拐は突発的に起こるものではなく、犯人グループは事前に入念な下調べを行っているのだ。その結果、事件が起きる前に不穏な前兆が発生していることが多い。尾行の気配、盗聴、不審な電話、会社や自宅近くに不審な車が停まっている、何かしらのトラブルの発生……などだ。重要なことは平時からコンサルティング会社に相談できる体制を作り、この段階で正しいアドバイスをもらうこと。これにより誘拐を未然に防げるケースも少なくない。犯人にとってターゲットの候補は一人だけではなく、下調べの段階でターゲットに気付かれたと思えば、候補から外すというからくりだ。

このように、まだ事件になっていない段階での微弱な信号を受け止め、それを本社に伝え、そして気軽に危機管理会社に相談してみる。こんな関係が築けるかどうかで結果が大きく変わってしまうのだ。誘拐事件を扱う危機管理会社なら事件が起こったらしっかりと対応することは間違いないだろう。しかし、その際に丁寧なコミュニケーションも含め、どれだけ親身になって寄り添ってくれるか？　事前の小さな相談事も含め、顔が見えて気軽に相談できるパートナーを普段から探しておくことをおすすめする。誘拐事件の対応は通常の世界で想像できることとかけ離れているだけに、言語も含め、その際のコミュニケーションが最も大事なのだ。

危機管理体制における誘拐事案に対する課題を整理しておこう。

1．現地法人の社員への予防教育

前述の通り、誘拐には前兆がある。それを察知できるように予防教育を施しておきたい。また、ターゲットになるような目立った行動を避ける必要もある。

2．初期連絡の徹底

決して現地法人だけで対応するのではなく、必ず本社に報告をし、外務省、現地日本大使館と密に連絡を取る。その上で解決に向けて正しい戦略を立て、犯人に動揺させられることなく冷静に対応する。初動を誤ると取り返しのつかないことになるので、初期連絡を確実に行うよう徹底する必要がある。

3．家族対応を怠らない

誘拐された社員の家族には、社員がフルアテンドし対応する。役割は家族のケアと家族からの情報漏洩防止の両方だ。誘拐事件の解決には時間がかかる。なぜ時間がかかっているのかがわからないと不安になり、いろいろな人に相談してしまい、情報が漏洩してしまうことにもなりかねない。

4．メディアへの対応

誘拐事件は、メディアにとってみれば〝おいしいネタ〟だ。彼らには絶対に事件のことが伝わらないようにする必要がある。また、マスコミへの情報漏洩により犯人側に情報がもれる危険もある。しかし、マスコミが情報をつかんで動き出してしまった場合には、会社が防波堤となり、取材攻勢から家族を守るのも企業の役割だ。

5．事件への対応体制を構築する

現地拠点との連絡体制や対策本部などに加え、誘拐事件の対応ができるコンサルティング会社を含めた誘拐対策の体制を平時から作っておくことが大切だ。コンサルティング会社を起用するとコストが高いのではと危惧する会社も多いが、実際に事件対応の際にかかる費用は多額になる。そのために誘拐事件や脅迫事件の際の解決費用を補償する保険がある。日本ではこの特殊なリスクに対する保険があまり普及していないが、素晴らしい機能を持つ保険である。いろいろな理由があり保険会社はこの保険を積極的には売りたがらない。私も保険業界出身なので理由については詳細に書けないが、一般的に保険会社が売りたくない保険は往々にしてユーザー側から見るとその逆に見える。対応体制の仕上げとしてぜひ検討してみてほしい。

6．平時から危機管理事務局の訓練を行う

誘拐事件は特殊な状況だ。日常的に起こることではないため、対応に慣れるということはない。だからこそ、事件が発生した場合を想定したシミュレーション訓練を定期的に行う必要がある。この訓練も前述のコンサルティング会社に依頼するとよい。

7．「バーチャル誘拐」（偽装誘拐）の想定

実際に誘拐事件を起こすのではなく、いわゆる「バーチャル誘拐」の事案が最近では増えている。これは誘拐を装い身代金をとろうという手口だ。予防策としては、バーチャル誘拐の手口を知っておくこと。メキシコでの手口を紹介しよう。

①まず、犯人は治安当局関係者を装い、携帯電話を通じて、架空のストーリーを信じ込ませ、本人が外部との連絡を遮断するように仕組む。
②その間、家族、会社に対して、当該人物を誘拐したとして身代金を要求する。

そんな手口でだまされてしまうのか？　と不思議に思うかもしれない。ところが、こうした手口が後を絶たない。中には携帯電話で「今いる場所は危険だから」という嘘で本人を信じ込ませ、別の場所に本人が移動するように仕向けたりすることもある。そうすれば、家族が本人のいるはずの場所を探しても行方不明なのである。誘拐事件が多発している国や地域の場合、誘拐を題材にした詐欺だとより信じられやすい。身代金の要求額もすぐに支払うことのできる程度の金額なので、誰かに相談することもなく振り込んでしまう。

バーチャル誘拐は、その存在を知っていなければ見破ることは困難であるが、ただ知っているだけでは容易にだまされてしまう。犯人の演技が極めて巧みになっているからだ。「オレオレ詐欺」と同じで、このような犯罪が存在することは知られていても被害がなくならないのだ。

第4章

海外派遣者自身が取るべき安全対策

海外派遣者と担当者の信頼関係

　ここまで海外危機管理の重要性、海外危機の種類と課題、そしてそれらを踏まえた事例と、順を追って紹介してきた。ここからは、（ここまでも随分お話ししてきたが）海外派遣者本人に対して、心得ておいてほしいことと、企業側に対して、海外派遣者の方々に促してほしいことを紹介していきたい。

　ここまで述べてきたことでおわかりかと思うが、海外危機管理は海外派遣者（現地）と担当者（本社）双方の協力体制が構築できていなければ成立しないものだ。リスクコミュニケーションと表現することが多いが、早い話、お互いがお互いを気にかけ、信頼し合っている状態であることが重要なのだ。

　本書をお読みの方が、現地にいる側の人なのか、本社にいる側の人なのかはわからないが、いずれにしても危機管理に関するステークホルダーは存在しているだろう。以下の事柄についてはぜひ、「あなたの相手」にも共有してほしいと思う。

1　赴任者

誰でも会社に海外赴任を命じられたら、次から次へと不安なことばかりが浮かんでくる。

私自身も初めての海外赴任の際に内示を受けてからのことを思い出す。まず、最初に仕事のこと、そして現地での生活や言葉、家族のことなど。何年も日本を離れるとなれば心配事がないはずはない。しかし、それらの心配と同等に考えていただきたいのが安全だ。単身赴任であれば自分の安全だけでよいが、家族を帯同するとしたら家族を守るのも自分の務めだ。日本の国内で転勤するのであれば、安全に関して考えることはほぼないだろう。それは、日本国内であれば違う都市であっても今住んでいる場所と安全面で大した変わりはないし、言葉も習慣も違いは僅かだからだ。しかし、国が変われば事情が全く異なることは言うまでもない。

①日本との違いを考える

私たちが生まれ育ったこの日本という国は、世界の中で見れば、こんなに安全な国は他にないと言ってよい。逆に言えば私たちが海外に行く場合、ほとんどの国は日本ほど安全ではないということになる。一体どれ程の国で日本のように女性が深夜一人で歩くことができるだろうか？　財布を落としても、現金が入ったまま交番に届けられている。これは素晴らしいことなのだが、世界から見ればむしろ珍しいことである。我々日本人はこんな環境に慣れてしまっているのだ。女性が深夜に独り歩きできるのは、基本的には人が人に危害を加えるようなことをしない社会だからだ。そして、無事に財布が戻るのは、お互いに人の財産を尊重する気持ち、そして道徳観があり、性善説で成り立っているからとも言える。もちろん日本でも例外はあるし、時代とともに少しずつ変わってきてもいる。しかし、海外では性悪説を基本に考えておかないと自分の身を守ることができないのだ。

②赴任先の治安情勢概況を知る

前述のように、どこの国に赴任するとしても日本ほど安全な先はあまりないが、何がどのように危ないのかをまず知っておく必要がある。政情が不安定で状況によっては暴動や政変が起きる可能性のある国もある。テロが頻繁に起きている国や地域もある。貧富の差が大きく、日常的に犯罪が多い国、麻薬組織同士の抗争で街の中で銃撃事件が起こる国もある。中南米では誘拐事件も多発している。先進国であっても銃社会であれば、銃を使った事件で毎年多くの死者が出ており、決して安全とは言えない。

まずは赴任先の治安情勢を知ることから始めよう。外務省の海外安全ホームページや在外公館のウェブサイトを確認すれば、事前の情報としては十分な情報を得ることができる。

③自分の身に起こり得ることを想像してみる

次に、その治安情報をもとに自分の身にどのようなことが起きるのかを想像していただきたい。日本で体験したことのないことが多く、想像しにくいかもしれないが、自分を当事者に置き換えて被害に遭う状況を想像してみてもらいたい。そのとき、どのような街の一角にいるのか？　犯罪者は何人位いるのか？　相手は銃を持っているのか？　周囲に助けを求められる場所があるのか？

また、暴動が起こったとしたら自分がいる街や自宅の周辺がどのような環境になるのか？　逃げるのか、家に閉じこもるのか？

④自分の対応能力を考える（アウェイ）

そして想像した事態を自分の力でどう乗り切ることができるのかを考えていただきたい。犯罪であれば周囲に助けを求める？ 警察に駆け込む？ 相手を刺激しないようになだめる？ 金目当てなのか要求を聞く？

暴動だとしたら、安全な場所に籠城する？ 一旦帰国する？ 何を基準に判断する？ 危険な事態が起きたときにどう行動したらよいのか、どこまで自分自身で対応できるのかを考える。日本にいたらできるであろうことが、不慣れな土地で外国人として暮らしているために、自分で対応できることの限界を感じることがあるだろう。サッカーの試合などで「アウェイの試合」という言葉が使われる。自分のホームグラウンドであれば難なくできることが、不慣れな土地では簡単にはできない。土地勘、文化・習慣・宗教の知識、言葉など、さまざまな足かせがあるからだ。なかなかむずかしいが、その状況を前提に自分がどの程度自力で対応できるのかをイメージしなければならないのだ。

⑤避ける方法について考えてみる

自分が置かれる状況と自力で対応できることの限界を考えると、そのようになりたくないという気持ちが強くなるのではないだろうか。何とかしてそのような事態を避けたいと思うことが大切なのだ。最近は、海外赴任者や海外出張者に対して安全講習を実施している企業が多い。受講者は海外は危険なところだからこのようにして自分の身を守るべきなのだ、という話をたくさん聞かされ、一生懸命メモを取るが、それも時間が経てば忘れてしまう。海外赴任前はともかく忙しいのだ。バタバタと赴任し、慣れない仕事や生活を立ち上げていく。どれ程危険な国に赴任したとしても赴任した日に被害に遭うことは少ない。最初の一週間は無事に過ごすだろう。そして一月経っても何も被害に遭わない人の方が多いだろう。現地の生活に慣れていく中で、赴任前に教えられた安全対策はだんだん忘れていく。それが普通なのだ。そしていつの日か、実際に犯罪に遭ったとしても過去に教えられた知識は役に立たないことが多いだろう。なぜなら、こうすれば安全だと「他人から教えられたこと」だからだ。どうしたら安全になるのか、自分の頭で考えて自分で答えを出すこととは大きな違いがあるからなのだ。

それに加えて、安全対策は面倒なのである。何にもとらわれず自由に行動するのが最も快適だ。しかし、安全対策を行わなかったことの代償が如何に悲惨なものになるのかを考えれば、面倒であっても安全対策を講じるであろうし、その対策は「自分事」であり、自分が実行できる対策になるのだ。

ぜひ「自分事」として自分の頭で考えていただきたい。

⑥起こってしまってからの対応を考える

事件や事故が起きてしまってからの対応を考えてみることも必要だ。自分一人で解決すること、会社のスタッフの助けを借りれば解決できること、あるいは本社の助けを借りないと解決できないことがある。例えば、地下鉄に乗っていてスリに遭い、財布やカードを盗られてしまったら、カード会社に連絡をして盗難されたカードの停止と再発行を依頼する。警察や在外公館に行って被害届を出すなど、これらは自分一人で解決できる範囲である。しかし、車を運転していて事故を起こしてしまったとしたら？　相手はあなたの責任を主張してくるに違いない。そして現場に駆け付けた警察官は言葉が通じないあなたの意見はあまり聞かず、相手の一方的な主張を聞いてしまうかもしれない。でも会社のスタッフが駆け付けてくれて、あなたの立場に立ってあなたの主張を通訳してくれたら、結果は大分違ってくるだろう。

さらに難度の高い事案としては、暴動や政変が起きて国外退避をしなければならないが、飛行機が満席で予約が取れず、帰国が困難になってしまった。こんなときは本社がチャーター機を手配するなど大掛かりな支援が必要になってくる。

普段仕事が忙しい中でそんなことばかり考えているわけにはいかないだろうが、一度はそのようなことを突き詰めて考えておくのも大切なことだ。

⑦対策を選択する（何について対策を立てるのか）

いろいろな事案に対してそれぞれどのように対応したらよいのか、自分の頭で考え出すとさまざまな対策を思いつくだろう。例えば現地の地下鉄にはスリが多く、日本人も大勢被害に遭っていたとする。スリの被害に遭わないようにどんな対策を取ったらよいのか。財布はポーチに入れず胸の内ポケットに入れる、現金は最低限しか持ち歩かない、混雑している時間帯を避ける、地下鉄に乗らずタクシーで移動する、などなどたくさん思いつくだろう。一つの対策だけではなく、いくつかの対策を重ね合わせるのが効果的ということもイメージできる。しかし、スリの被害から逃れるためにどこまでやるのか、ということも考える。究極の対策は家から一歩も出ないことであるが、ここまでやったら明らかにやりすぎだ。そこまでやって割に合うのかということも考えなければならない。起きてほしくないのはスリの被害だけではない。もっと深刻なこともたくさんある。例えば、誘拐される、爆弾テロの巻き添えになる、政変で軍隊が発砲しているなど、国によって何が深刻なのかは異なるが、深刻な事態に対してはより多くの対策を考えなければならない。しかし、すべての可能性に対して完全な対策をすることはできない。現実には取捨選択をしなければならない。どうしても避けたいのは何なのか？　そのためにどのような対策を取るのか？　手間と効果を考えると割に合う対策は何なのか？　このように選択していくと、被害の小さいものはどんどんはじき出されていくことになる。起きてしまったら仕方ない、運命として受け入れよう、そんな分類もあるだろう。選択するのは自分なのだ。対策の深さや方法にはいろいろあり、行動や装備など物理的に備えることから、五感を研ぎ澄ませて注意力を高めること、そして緊急事態が起きてしまったときに救いを求める仕組みを構築することもできる。

⑧住居選びの重要性

住居選びは駐在員の安全に大きくかかわってくるので、十分に検討していただきたい。着任して早々、現地の事情もまだよくわからない中で安全な住居を探すのは決して簡単なことではない。新しい生活を始めるにあたって住宅の居住性や職場へのアクセス、買い物などの利便性は大事である。しかし、少なくとも防犯上安全な住居を選ばないと滞在中のリスクは大きく上がってしまうことを知っておいてもらいたい。なぜなら、住居にいる時間は職場にいる時間よりも長いからだ。仕事の時間と通勤時間を除けば、あとはほとんどが住居で過ごす時間だ。もしもリスクの高い家を選んでしまった場合、夜間、週末、休日の時間すべてが安心できない時間になる。家族を帯同する場合は家族の人数分のリスクを抱えることになる。

⑨在外公館の情報を活用（地元の情報満載）

最寄りの日本大使館もしくは総領事館は、在留邦人に対して治安情報を提供している。現地の政府や軍、警察などの情報を直接入手できる立場にある。どこまできめ細かくわかりやすく伝えられているかは領事の経験値も異なるので、必ずしも一定ではないものの、国を代表して情報を取れる立場にあるので、必要があれば話を聞きに行くのもよい。

⑩同僚との情報交換

駐在員にとって最も身近な情報源は職場の同僚だ。仕事の話や生活についての話はいろいろと情報交換をしていると思うが、安全についての情報交換をすることはあまりないのではないだろうか。自分が心がけている防犯対策などを後から来た駐在員に話をするのは、押しつけがましく思われるのではないかと思ってしまうこともある。もちろん質問すれば快く答えてくれるが、聞く方も安全対策などという質問をあえてする機会もない。私から見ると、安全のための有益な情報が身近にあるにもかかわらず、たくさん埋もれてしまっている。

また、現地スタッフの情報もうまく聞き出せば「宝の山」なのだ。駐在員と違って彼らはその国に生まれ育ち、良い経験も悪い経験も積んできているのだ。どこが危ないのか、どうすると危ないのか、その国で生きていくために安全上気を付けなければならないことを多く知っている。しかしながら、彼らは自然とそれが身に付いているのであって、何をどうしているかなど意識しているわけではない。あえて聞き出さない限り、その情報や安全対策を知ることは難しいだろう。

⑪有事対応の際の役割分担（本社／現地）

前述のように、海外にいても身の回りに何かトラブルが生じた場合、ほとんどのことは自分自身もしくは現地側で対応することになるが、大きな事態が起こった場合は本社に対応してもらうことがある。例えば、医療事案としては現地で治療することが難しく、医療水準の高い地域や日本に医療搬送する、現地の暴動や政変により治安が悪化して国外退避を行う、誘拐事件や脅迫事件が起きるなどのケースは、会社によって役割分担は異なるが、本社主導で対応することが多い。なぜなら、これらのケースは医療や危機管理の専門会社に対応を依頼する場合が多く、本社はそのルートを持っていることが多いからだ。少なくとも私の会社のクライアントは当社が対応することが多い。このようなケースはトラブル全体からするとほんの一握りであり、個々の海外拠点からすると滅多にない機会なので、本社が担当した方が効率も良く確実だからだ。しかし、どのような場合に本社が対応するのか、どこの部門で対応するのか、役割分担について予め話し合っておくことが大切だ。役割が決まっていなければいざというときに誰が動くのか様子見から始まるので、間違いなく動き出しが遅くなる。役割が明確になっていればそのときに備えて予め何らかの準備も整えておくことができる。心の準備ができているだけでも緊急時には大きな違いになる。

⑫家族を守る

海外駐在に家族を帯同できるとしたら、家族にとってかけがえのない経験を得ることができるだろう。ただし、生活も文化も言葉も、そして治安も日本とは全く異なる国で新たに生活を始めることのハードル低くない。家族全員が現地の暮らしに慣れるまでは苦労も多いだろう。支え合って乗り越えていかなければならない場面も少なくないだろう。

しかし、そこから生まれる家族の絆は家族にとって生涯の大きな財産になることは間違いない。そして家族は人間同士の助け合いの最小の集団であることを感じるはずだ。安全の話に戻すと、犯罪の多い国で暮らしていくには家族全員が普段の生活の中で安全対策を身に付けていかなければならない。それを子どもに教えるのは親の役目なのだ。子どもを守るのは教育なのだ。治安の悪い国で育った人は、小さい頃から親に身を守る方法を教えられて育っているのだ。

我々日本人は安全な社会の中で、自らの身を守るという基本的な営みを忘れてしまっているのではないだろうか。海外で生活をするメリットの一つにそのようなことを思い出させてもらえるということもあるのかもしれない。

2 — 拠点長

①駐在員や家族を守るマネジメント（現地法人の社長／駐在員の頭）

日本企業の海外拠点の拠点長は日本から派遣された駐在員のトップであると共に、多くの場合、現地法人の社長を兼務している。一国一城の主として拠点の事業に広範囲な責任を負っている。その中で「安全」という課題も重大に受け止められている。特に日本の製造業において、「安全」は事業を行う上で最重要項目の一つであり、製造技術の一部といってもよい程確立されている。私が外から見る限り、海外においても製造過程における「安全」は根付いているように見える。

「安全」は英語で言うと「ｓａｆｅｔｙ」と「ｓｅｃｕｒｉｔｙ」という言葉に分かれる。製造過程における操業上の「安全」は英語にするとｓａｆｅｔｙであり、外からの攻撃（テロ、襲撃、強盗、窃盗など）に対する「安全」はｓｅｃｕｒｉｔｙ。日本語で言うと何れも「安全」ということになるが、実は内容は大きく異なる。地域の治安情勢によってｓｅｃｕｒｉｔｙの重要性は異なってくるが、日本においてはほとんどの社員はあまり意識していない部分だ。しかし海外は概して日本より治安が悪く、ｓｅｃｕｒｉｔｙの重要度が高く、防犯設備や厳重な警備が必要になる。それに加えて海外では駐在員の日常生活における「人の安全」も大きな課題だ。

②現地法人の全社員を守る／弱者を守る

「人の安全」という意味では現地法人の社長として、日本からの出向者とナショナルスタッフ、いずれも守る義務がある。しかし、その責任範囲は若干異なっていて、ナショナルスタッフは業務上の安全を中心に守ればよいが、日本からの出向者はプライベートも含めて守る必要がある。生まれ育った国を離れて環境の異なる国で暮らす海外駐在員は、現地で生まれ育った人に比べたら弱者になるからだ。

現地で安全に暮らしていくには、最低限のコミュニケーション能力は不可欠だ。海外に派遣される人の多くは一定の語学能力を有しているとしても、緊急事態やパニックになった状態で何処まで意思が通じるか、またどこまで状況を察知できるのか？平時なら会社のスタッフも生活面も含めて当たり前のようにサポートしてくれるだろう。一概には言えないが、駐在員として現地で中流以上の暮らしをしている限り、生活にかかわる周囲の人たちも親切にしてくれることが多いのではないだろうか。しかし、有事になったら彼らにも自分が守らなければならない家族がいるだろうし、自分が生き延びることに必死になるだろう。平時とは全く違った環境でどこまで自力でサバイバルすることができるだろうか？　いろいろな事態を考えてみていただきたい。

したがって、平時は多少不自由があっても自己責任でよいが、自力で対処しきれない場合には救済することを考えておく必要があるだろう。ナショナルスタッフについては日本での労災を前提に考えていただければよいのではないだろうか。つまり、業務中は会社の施設の安全、操業の安全を考える必要があることは言うまでもない。ナショナルスタッフが業務上自国を離れて第三国に出張に行く場合は、日本人の駐在者や出張者と同じで会社は業務外も含めて全面的に守ってあげる必要がある。彼らも第三国に行けばそこはアウェイであり、弱者になってしまうからだ。しかし、通勤時の安全に関しては通勤災害のような制度上の補償は別にして、会社が通勤途上の安全性についてまで積極的に配慮する必要はないのではないだろうか。

③出張者も守る

同じ企業であっても駐在者と出張者の接点がない場合もある。例えば現地生産工場があり、その工場の業務に絡んだ出張者は現地法人として把握していてホテルの手配や空港送迎など支援するが、出張者が現地法人と関係のない部門の場合は、出張者の行動が把握できないことが多い。私のように外部の目から見ると、同じ会社でありながらもったいなく思える。現地で事業を展開しているのであれば、安全に関するノウハウや仕組みも積み上がっている。前項で「駐在員は弱者」と言ったが、出張者はもっと弱者なのである。余程大きな事態が起きれば、本社も絡んで出張者の安全を確保することになると思われるが、安全対策は事態が起こってからだけではなく予防も大切なのだ。予防は経験を積み重ねてできあがるノウハウなので、社内で共有する仕組みがあればよいと思う。せめて市内の犯罪多発マップや簡単な防犯の知恵など、社内で共有することはできないだろうか。

④本社とのリスクコミュニケーション

海外駐在員や海外出張者を守るのは海外拠点長の役割であると同時に本社の役割でもあり、両者が臨機応変に協力して行う必要がある。私の目から見ると現地拠点にはさまざまなネットワークが存在し、駐在員や出張者を守るためにナショナルスタッフからも協力を得ることができる。また、必要があれば現地の治安に関する情報を収集することも可能である。もちろん、海外拠点は危機管理を行うために存在しているわけではないので、必要があればその機能を使えるという意味である。一方本社は世界中に派遣している駐在員や出張者の安全について絶えず気を配っている。世界のどこかで社員が巻き込まれるような事件が起きれば直ちに対応するのである。日本にいても世界で何が起こっているのかさまざまなニュースや情報を得ることができる。ただし、全世界を俯瞰して見ているので特定の地域で起こった事件がどの程度駐在員に影響があるのかは現地の情報の方が正確なのだ。もう一つ本社と現地で違うのは、現地は人を守ることは数ある役割の一つであり、そればかり考えているわけではない。一方本社には全世界に送り出した社員の安全を最優先に考えている部門が存在している。私の目からは両者を組み合わせれば理想的な危機管理ができるように映るのだ。これがうまく機能している企業もあれば、残念ながらコミュニケーションがうまく取れていない企業があるのも事実だ。私も昔、企業の海外駐在員として現地法人を切り回していた時期に、本社からさまざまな指示や依頼、問い合わせが毎日飛んできて煩わしく思っていた。逆に本社で駐在員を送り出す部門にいたときは、駐在員の安全を第一に考えていたにもかかわらず、現地とのコミュニケーションが必ずしもうまく取れず、もどかしく感じたものだ。今も危機管理コンサルタントとして海外拠点長と本社の打ち合わせに参加することが多いが、本社と現地のコミュニケーションは永遠の課題だと感じる。しかし、安全についての話を突き詰めていくと必ず双方の理解を得ることができるということも経験上確信できている。なぜなら、人の命を守ることに利害が反することはないからである。

このような機会を持つことが「リスクコミュニケーション」であるが、全駐在員にとってメリットのある話であり、積極的に場を設けるのも拠点長の役割の一つであると思う。

3 一 出張者

危機管理の側面から見ると、海外出張者のリスクは高いと感じる。世界一安全とも言える日本を飛び立って何時間後かには全く環境の異なる国の街角を歩いている。しかも時差と長時間のフライトで頭はぼうっとしている。初めての出張先であれば土地勘もないし、言葉も通じないかもしれない。そんな中で犯罪者があなたをターゲットにしたら勝ち目はない。日本では強盗殺人事件が起これば全国版のニュースで取り上げられるが、この程度のことが報道される国はむしろ稀だと言える。事件が起きていないからではなく、その程度のことは日常茶飯事で報道に値しないからだ。たった数日間であっても、出張に行って被害に遭う人は決して珍しくはない。これが出張者が用心を怠ってはいけない主な理由だ。

① 出張者固有のリスク

それ以外にも出張者が犯罪に遭いやすい理由がある。土地勘がなく、言葉も不自由ということは前述しているが、出張者はさらに、行く先を探しながら一人で行動するという弱点がある。海外で一人で行動することで思考力の大半を使ってしまっている状態で、自分の身の回りの安全にどれほど気を配ることができるだろうか？　どれほど用心深い人でも隙だらけになってしまう。日本にいても歩きスマホをすることは危険だと言われている。日本では歩きスマホをしたからと言って犯罪に遭う可能性が高くなるわけではないが、少なくとも、人にぶつかりやすくなったり、事故に遭ったりする可能性は高くなる。注意力がそがれるから危ないのだ。海外で注意力が低下することが危険であることは言うまでもないが、さらに犯罪者が歩きスマホをしている外国人を格好のターゲットとして狙っているとしたら、被害に遭うのはもはや偶然ではなく必然と言っても過言ではない。

②事前準備の大切さ

では、出張者の固有のリスクを下げることはできないのだろうか？　これも一人でなく、二人で行動するのであれば脅威は大分低くなる。さらに地元の人と一緒に行動したとしたらさらに脅威は下がる。しかしそれができないのであれば、仕方ないのでリスクが高いことを受け入れてそれに立ち向かうしかない。ただし、ぶっつけ本番で無防備なまま被害に遭うのではなく、被害に遭わないようにできる限りの事前準備を整えた上でリスクに立ち向かうのだ。事前準備は出張が決まった時点から始めることができる。出張が決まって2週間後に出発するとしよう。安全に対して何も準備しなかったとしたら、犯罪者に目を付けられてから犯罪に遭うまでの時間はせいぜい数秒しかないだろう。その間にあなたはその状況を察知し、迫ってくる攻撃を回避することができるだろうか？　しかし、出張前であれば2週間の準備期間があるのだ。

空港に到着してからホテルに移動するまでの動線は被害に遭うことが多い。例えば空港でのニセの出迎え。到着後にホテルまでの移動手段を事前に確定させていないと、到着ゲートを出たところからぎこちない動きになってしまう。ニセの出迎えに言葉巧みに声を掛けられたらついて行ってしまうかもしれない。普段のあなたならそんなに易々と騙されることはないだろう。しかし、想像していただきたい。長時間のフライトと時差で頭はぼうっとしている。仮にタクシーに乗って移動しようと決めていたとしても、タクシー乗り場の表示を見つける前に声を掛けられたら？　あるいはあなたの名前が書かれたプレートを掲げている人がいたら？　騙しの手段はいくらでもある。長旅の末、ホテルに到着してホッとする間もなく、チェックインの手続きに気をとられていて貴重品を入れたバッグを横から持ち去られる事例はいくらでもある。その後の滞在中も街中でも訪問先への移動中も、ホテルの部屋にいたって決して１００％安全とは言えないのだ。犯罪者に狙われる場面はいくらでもある。このリスクを下げるには、到着後の予定を予めシミュレーションし、移動手段や位置関係をイメージすることをおすすめする。そしてその街でどのような犯罪が発生しているのか、街のどの辺りが危ないのか、外務省のホームページからも確認できることはたくさんある。出張前の準備で忙しい中、このような準備をするにはある程度の時間と手間はかかるが、安全と引き換えであることを考えていただきたい。出張中にトラブルが発生したら本来の仕事の目的にも支障が出ることになるので、安全確保は業務の一部と考えるべきであろう。

③安否報告のメリット

「安否確認」という言葉はよく耳にすると思う。大きな事故や事件が起きた際に、その近くにいると思われる人に連絡を取って無事でいるのか安否を確認することだ。例えばあなたが出張している先の町でテロが起きて、多くの死傷者が出たとする。あなたの携帯に本社から連絡が入り、あなたの無事が確認されることになるだろう。そしてあなたが返事しなければ、もしかしたら事件に巻き込まれたのではないかということになり、何らかの対応を開始することになるだろう。多くの場合、社員の出張先で深刻な事態が起きたことをニュースなどで知ることができて初めて確認作業が始まる。しかし、海外にまで報道されるほど大きな事件ではなかった場合はどうだろうか？　例えばあなたが交通事故に遭って大ケガを負った、もしくは急病になり自分から連絡を入れられない状態にある。あるいは犯罪者にどこかに連れ去られている。こんな場合に、あなたの異変に気付いて会社が救援を開始するまでに長い時間がかかってしまうことが容易に考えられる。最悪なのは、帰国の予定日になっても帰ってこないのでようやく異変に気が付いた、なんてことだ。こんな事態を避けるには、あなたから本社側に定期連絡を入れるようにすればよいのだ。一日一回無事であることを伝えるようにすれば、最悪でも連絡が取れなくなった翌日にはあなたの異変が明らかになる。定期連絡の頻度は行先の治安情勢によって判断してもよい。危険度の高い地域であれば一日に何度か連絡を入れるようにするとよい。異変に気付くまでの時間が短縮できる。

自分が無事であることをわざわざ他人に連絡するのは面倒くさいように思えるが、本当は定期的な「安否報告」は自分の身を守るための手段なのである。

ある出張者の失敗談

私が保険会社の駐在員としてドイツで勤務していたときに、今でも忘れられない出来事があった。

本社の研修生のA君が、初めての海外出張でドイツにやってきたときの話だ。私がいた会社の社内ルールとして、海外に渡航すること自体が研修生にとって勉強なので駐在員が空港の出迎えなどのアテンドは一切行わないことになっていた。A君は出発前にバタバタしていたらしく、到着予定の連絡はしてきていたものの、それから当日まで何の連絡もしてこなかった。A君の悲劇はそこから起こったのだ。A君は何を勘違いしたのか、空港に付けば駐在員が迎えに来てくれているものと思い込んでいた。定刻通り到着したA君は、ゲートを出て到着ロビーのベンチで1時間ほど待っていた。ようやく行き違いがあったことに気付いたが、会社の電話番号も控えておらず、また今のようにスマホも携帯もなかった時代なので公衆電話の電話帳で私の名前を探すことを思い付いたのだ。運良く私の自宅の電話番号を見つけ、家にいた家内と電話がつながり、会社の住所と私の自宅の住所も聞き出すことができた。私はその日、朝から遠隔地の得意先を訪ね、A君が到着した時間の数時間後同じ空港に戻ってきた。到着ロビーを駐車場に向かって歩いていると、日本人らしきアジア人がただならぬ様子で頭を抱えてベンチに座っていた。まさかとは思ったが、声を掛けてみるとA君だったのだ。彼は電話帳を調べるのに必死になっている間に財布もパスポートも脇に置いたバッグごと置き引きに遭っていたのだ。そして無一文で空港から動くこともできず、途方に暮れているところに運良く私に発見されたのだ。運が良いのか悪いのかわからないが、まさに泣きっ面に蜂のような出来事だった。私が発見していなかったとしても、命を落とすようなことではないので笑い話になるのだが、準備を怠ると大きなツケを払うことになるという教訓に満ちた話である。

シミュレーション（赴任者、出張者兼用）

海外で自分の身を守るのに、一番有効なのは実際に危険な目に遭い、経験を積むことだが、安全な国に生まれ育った日本人にとってはリスクが高すぎるのであまりおすすめできない。しかし、頭の中で疑似体験することによって訓練を行うことはできる。

ここでは皆さんが実際に海外で遭遇するかもしれないことをストーリーにして紹介しているので、自分の身に降りかかったこととして考えていただきたい。そして、どうしたらよいのか、迷い、考えていただきたい。実際に犯罪被害に遭う場合、とっさに判断して行動に移さなければならない。判断できなければ相手のペースで相手の思惑通りになるだけなのだ。

答えや解説の他、参考事項も記載するが、まずはQの問いまでを読んで、十分に考えてから先に進んでいただきたい。

事例1

空港での犯罪被害

C国に出張したあなたは、午前中にX空港に到着、その日の午後にα社を訪ねることになっている。税関を通過し、スーツケースを引いてゲートを出ると、運転手らしき男性が「Mr.○○？」とあなたの名前を確認して出迎えに来たと知らされ、スーツケースを持ってくれた。訪問先の企業にホテルを手配してもらっていたため、気を利かせて出迎えも手配してくれたようだ。

Q

そのときあなたはどうしますか？

選択肢

空港でのニセの出迎え

- 白タク・ボッタクリ
- 強盗に変身
- 荷物持ち逃げ
- 誘拐

など

①100%の確信が得られない限り信用しないことにしているので乗らない
②手間がかかってもこういう場合は訪問先に確認してから決めると思う
③その男は自分の名前を知っていたので多分その車に乗るだろう

A

①

解説

訪問先にすぐに連絡が取れれば確認した上で判断するのもよいが、それができない限り不審な誘いは断ることを基本に置いておく必要がある。あなたの名前は荷物のタグなどから読み取られていることも考えられるので、それだけで信用するのは危険だ。

参考【到着時のリスクは高い】

空港の到着ロビーは犯罪者にとって到着した外国人を狙う絶好の稼ぎ場所になっている。その中でも、初めてその国に到着した外国人は空港から市内への移動や両替、スマホの設定などで頭が混乱している。また、長時間のフライトと時差で朦朧としている中で声を掛けられても正しい判断をするのは難しい。世界中の空港でニセの出迎えが横行するのはそのためだ。彼らの狙いは金になりそうな外国人を仲間の車に乗せてボッタクリや荷物の持ち去り、最悪は誘拐等の犯罪を行うことなのだ。犯人は百戦錬磨で巧みに声を掛けてきたり、到着ゲートで偽の出迎えカードを掲げたり、手法はさまざまだ。かかわってしまうと丸め込まれて被害に遭うので、最初から寄せ付けないようにしなければならない。そのためには空港到着後の移動についてしっかりと計画を立てて、用意周到で付け入るスキがないようにしなければならない。

予めホテルなどからの出迎えを手配するのであれば、正規の出迎えであることを確認できるよう出迎え者の名前を聞いておくとか、エアポートバスや定額制の空港タクシーを使うなら、受付の場所を到着前に空港の配置図で確認しておくなどの準備を整えておく。

タクシーはあまりおすすめできないが、最低でも正規のタクシー乗り場から乗り、運転手の顔と社内に掲示してあるＩＤカードの写真を確認するくらいはした上で乗車する。

事例2

街中での強盗被害

中南米に出張中の田中さんは夜10時頃、街中のレストランで食事をした後、ホテルに帰ろうと裏通りを歩いていると物陰から突然覆面をした男が出てきた。男は銃口をこちらに向け、「金を出せ！」と言っている。

Q1

あなたならどうしますか？

選択肢

①全速力で逃げる
②財布をゆっくりと差し出す
③できるだけ安く済ませるよう交渉する

A1

②

解説

相手は銃かナイフを持っていると思わなければならない。だから強盗と対峙してしまったらおとなしく財布を差し出すしかない。しかも相手は興奮しているので、逃げようとしたり、変な動きをしたらナイフで切りつけられるか銃で撃たれる可能性がある。財布を差し出すのもゆっくりと財布を取り出し、丁寧に渡す。最悪なのは慌てて財布が入っている内ポケットに手を突っ込み、あなたが銃を取り出そうとしているのではないかと勘違いされることだ。犯人は自分を守るために先に撃とうとするかもしれない。だから、犯人を刺激しないように、あなたが落ち着いてゆっくりとした動作をしなければならないのだ。

相手と交渉したり、諭すなども絶対に行うべきではない。武器を持った強盗は絶対的に優位に立っており、気に入らなければ相手を殺すことにためらいはないからだ。

Q2 このようなことになった理由は？

選択肢

①田中さんの行動の問題である
②偶然遭遇しただけである

A2 ①

解説

中南米は治安の悪い国が多い。そのような国で夜遅く、裏通りを徒歩で帰るのは自殺行為と言っても過言ではないだろう。強盗から見ればまさに「カモがネギを背負ってやってきた」という状況だ。決して偶然とは言えない。被害に遭わなかったとしたら、むしろ運が良かったと考えるべきなのだ。

参考［強盗対策］

- 暗い時間の移動は車を使い、徒歩での移動は避ける
- 人通りが少ない時間は極力裏通りを歩かない
- 無線やアプリなどで安全なタクシーを利用する（流しのタクシーは危険）
- 盗られることを前提に貴重品は分散して持つようにする

- シャツのポケットなど取り出しやすい場所に数千円程度の現地紙幣を用意しておく

参考［犯罪予防の基本動作］

以下の基本動作を守ることによって犯罪被害のリスクを大きく減らすことができる

①犯罪のターゲットにならないために

- 夜間、人通りの少ない場所の徒歩移動は避ける
- 出張前に外務省情報などを見て犯罪多発エリアを確認する
- 目立たないようにする
  - ・できるだけ現地の人に溶け込む服装を選ぶ
  - ・人の流れに乗るよう足早に歩く
  - ・貴重品（スマホ・腕時計・カメラ等）を見せない
  - ・歩きスマホをしない（狙われるだけでなく、注意力も低下する）

②犯罪者と対峙したら

- 絶対に抵抗せず、物や金よりも命が大事という考えをしっかりと持つ

事例３

知っていないと騙されて被害に遭う犯罪

3-1 ケチャップ強盗

あなたが出張先の街の繁華街を歩いていると、走ってきた少年があなたにぶつかり、手に持っていたケチャップであなたの服が汚れてしまった。そこに気の良さそうな青年が現れ、立ち去った少年を叱りながら自分が持っていたハンカチであなたの服を拭いてくれようとしている。

Q

あなたはどうしますか？

選択肢

①かかわり合いにならないように直ちに立ち去る
②服を青年にを拭いてもらい、丁寧にお礼を言う

A

①

解説

犯人グループの一人がぶつかってきて、ケチャップやアイスクリームなどを衣服に付けてしまう。通りがかりの第三者を装う仲間が親切に拭いてくれるふりをし、貴重品を抜き去るという古典的な犯行だ。仕掛け人は子ども、大人、老人などバリエーションが多く、犯行形態もさまざまに進化している。

突発的に起きたトラブルは罠であることを意識して、たとえ親切にしてくれる人がいても、一切かかわらず、立ち去るのが賢明だ。

3-2 ニセ警官

あなたが街を歩いていると、警官から職務質問を受けた。まず、身分証明書の提示を求められたのでパスポートを提示した。滞在の目的や宿泊しているホテルなどを尋

ねられたので答えた。さらにクレジットカードや財布の提示を求めてきた。

Q

そのときあなたはどうしますか？

選択肢

①最初から提示を拒否して立ち去る
②質問には答えるがカードは提示しない
③相手が警官なので多分すべて応じる

A

②

解説

典型的なニセ警官による詐欺の事例だ。しかし、警官が本物なのか偽物なのか区別がつかないと対応が難しい。職務質問やパスポートの確認自体はよくあるので、拒否するとむしろ怪しまれ、ややこしい話になる危険性がある。しかし、さらにクレジットカードや財布などの提示を求めてきたら怪しいと思わなければならない。そのよう

な場合は例えば「警官のＩＤを見せてほしい」、「大使館に電話で確認する」、「警察署に行ってから提示する」など拒否はしないが、一筋縄では行かない態度で対応することをおすすめする。ニセ警官であればこの段階で撃退することができるだろう。

3-3 睡眠薬強盗

出張先で週末、ガイドブック片手に市内の名所旧跡を歩いていると、同じコースを歩いているバックパッカーの青年と一緒になり、雑談を交わした。歩き疲れ、公園のベンチで休憩するとまたその青年と一緒になった。ベンチに座ってそれぞれペットボトルを飲むと青年がチョコレートを差し出してくれた。

Q

そのときあなたはどうしますか？

選択肢

①見知らぬ相手なら無視するが、怪しい相手ではないので食べる
②少し不安だが、断ると失礼になる気がするので一切れだけ食べる
③相手に悪気がなくてもこういう場合は絶対に口にしない

A

③

解説

言葉巧みに近づいてきて相手を安心させ、睡眠薬の入った飲食物を口にさせ、眠っている間に金品を奪い取る睡眠薬強盗の手口だ。犯人とは親しくなった気がするので、断わるのが難しいが、大量の睡眠薬が入っていて金品を奪ってどこかに放置されたり、女性の場合はレイプされることもあるのだ。飲食店でトイレに行った隙に飲み物に睡眠薬を混入されることもあるので、他人から差し出された物だけでなく、飲食物についてはは余程信頼できる相手でない限り絶対に気を許してはいけない。

3-4 麻薬運搬

　F国に1週間出張し、帰国前の週末に市内を観光した際に偶然知り合った気さくな初老の紳士と趣味のカメラの話で意気投合し、夕食を共にした。すると日本に帰国する日にその紳士は空港までわざわざ見送りに来てくれ、搭乗時間ぎりぎりまでビールを飲み、日本での再会を約束した。

　搭乗間際にその紳士から、日本にいる息子の誕生日が近いのでプレゼントを預かってもらえないか申し訳なさそうに頼まれ、きれいに包装した包みを差し出された。

搭乗前に知り合った相手に
巧みに荷物を預けられ、
麻薬の運搬に利用される

Q

あなたはその包みをどうしますか？

選択肢

①この人は信用できる人であり、疑っているように思われたくないので預かってあげることにした（万が一のことがあっても、元々自分のものではないのだから大丈夫だろう）

②この人が自分のことを犯罪に利用しているとはとても考えられないが、中身が何なのかを確認した上で納得できなければ断る

③相手はとても悪いことをするような人には見えないし、気持ちを傷付けたくないが、万が一のことを考えて、「搭乗手続きの際に他人から預かった荷物はないこと」を申告してしまったため、預かってあげられなくてゴメンナサイ」と丁寧に断る

A

③

解説

帰国の際に荷物を託されて麻薬運搬に利用されるという話を聞いたことがある。しかし、すでに相手のことを知ってしまい好印象を持っていたら、相手が自分をだまそうとしているなどとは考えられないだろう。だから自分の中で明確な方針を決めておいて、判断がぶれないようにする。相手が誰であろうと「中身がわからないものは絶対に預からない」、これを例外のないあなたの方針にしてはどうだろうか？

事例4 住居侵入

深夜、アパートで寝ているとき、玄関のドアの周辺で音がする。そのうち、ドアが開く音がして人が入ってくる気配を感じた。奥さんは横で寝ているが、不審者の侵入に気が付いたあなたは、寝室の内側から鍵をかけて息をひそめた。

Q1

玄関からの侵入を防ぐにはどんな方法があったでしょうか？

A1（正解例）

・犯行前であれば多重鍵、人感ライト、アイアンドア（鉄格子）などで犯行を諦めさせる

・犯行に及んだらドアストッパー、防犯アラームなどで撃退

解説

犯人はできる限り短時間で犯行を済ませたいので、複数の鍵が付いていたり鉄格子のドアが付いていると侵入するまでの時間がかかるので諦めて、より短時間で侵入で

きる他の住居を狙うであろう。また、玄関の前に立った際に人感ライトが点灯すると侵入する意欲がそがれることが期待できる。

犯行に及んでしまったら、鍵を壊してもドアストッパーによってドアがなかなか開かないようにしておくと時間がかかって途中で諦める。また、ドアを少しでも開けると大音量のアラームが鳴り響くようにすれば、途中で侵入を諦めさせる効果が期待できる。

Q２

犯人が入ってきてしまった場合、なんとか早く帰らせる方法はないだろうか？

A２（正解例）

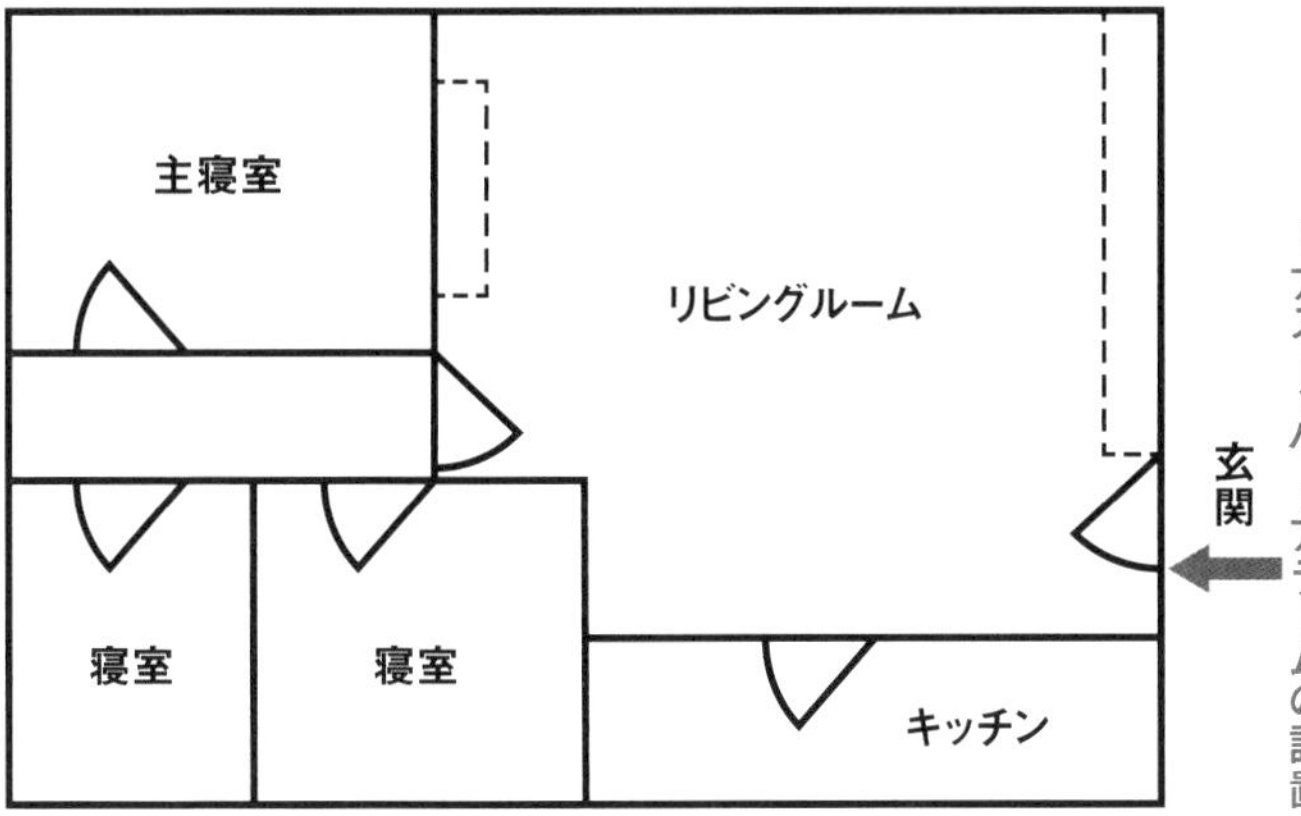

誰もが隠していそうな引き出しなどに現金を入れておき、あえて盗らせて帰らせる

解説

寝室まで侵入されて鉢合わせになるよりも、早く現金を見つけさせて帰らせるための仕掛けなので、できるだけ見つけやすいところに入れておくことがポイント。

Q3

せめて最後の砦となる寝室への侵入は食い止めたいが、どうしたらよいだろうか？

A3（正解例）

・寝室につながるドアを強化しておく、

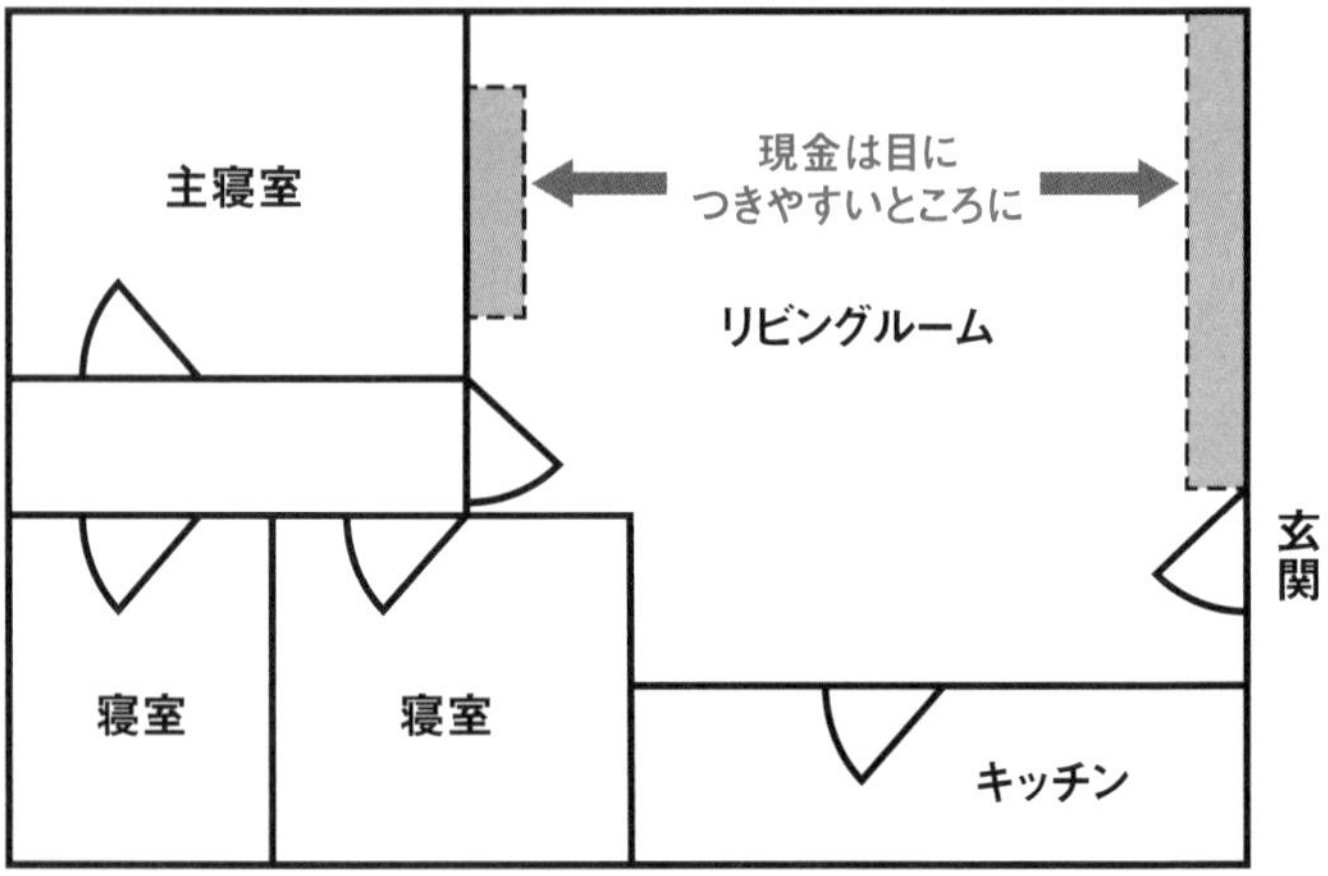

頑丈な鍵を掛ける、ドアストッパーを使用する

・寝室への侵入前に大音量アラームで撃退する、など

解説

複数の寝室がある場合、個々のドアに対策するのが大変であれば、エリアで区切って厳重な侵入対策を施すことも考えられる。ただし、寝室は最後の砦になるので玄関を含め、その前で食い止める対策と併用することが大切だ。

参考［犯人の目で見た防犯対策］

住居に押し入られると逃げ場がない。一番良いのは、この家に侵入するよりは他の家に入った方がよいと思わせること

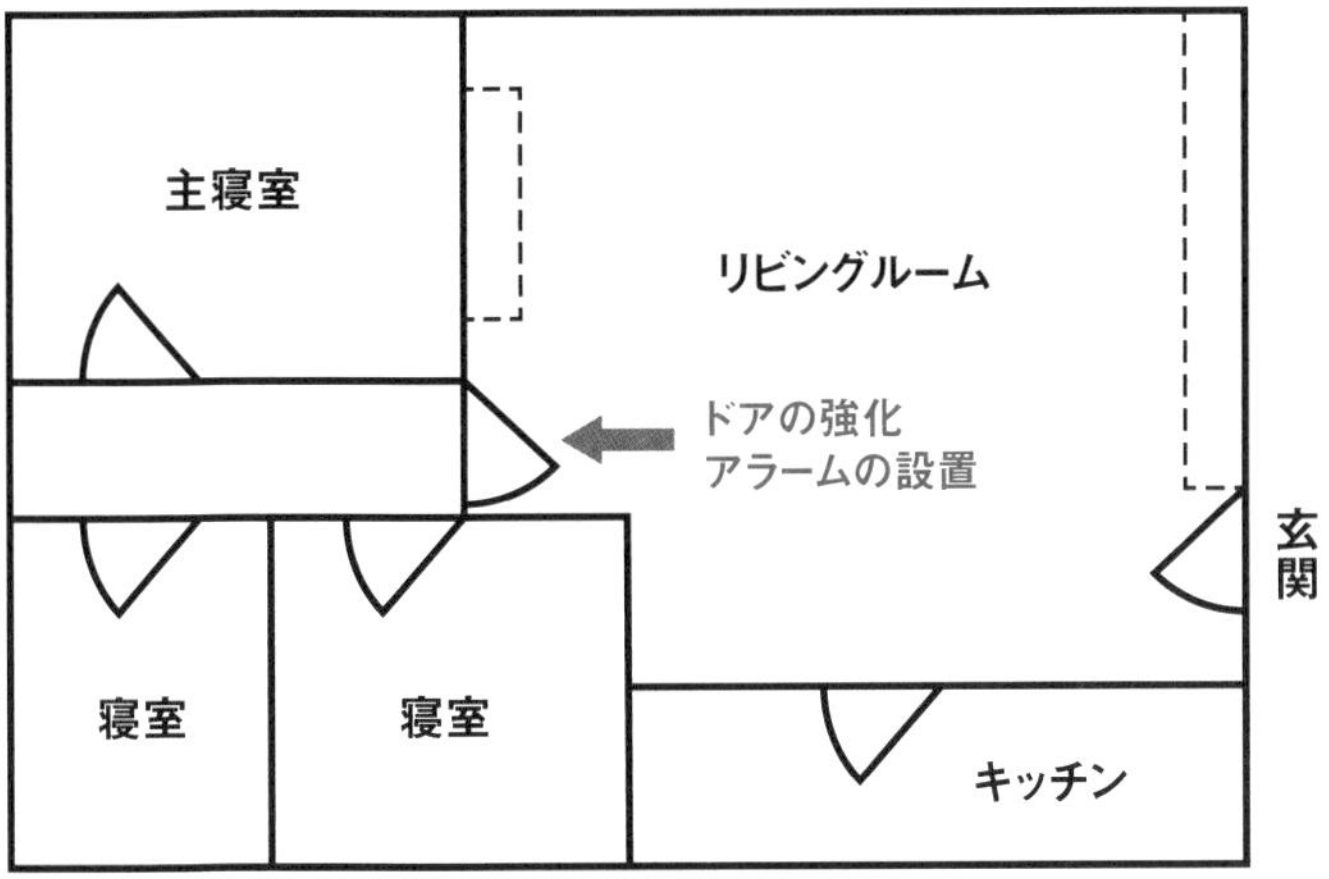

だ。そのためにいろいろな工夫をするべきだが、自分が犯人だとしたらこの家を狙うかどうか、犯人側の視点に立って自分の家を確認するとよい。住居を選ぶ際もこれは重要な視点だ。

事例5 銃乱射テロに遭遇

あなたがショッピングセンターでみやげ物を選んでいると、突然複数のテロリストが自動小銃を持って乱入してきた。

Q

あなたはどのように自分の身を守りますか？

選択肢

①両手を上げて抵抗しない
②直ちに逃げ出す
③その場に伏せる
④物陰に隠れる

A

②、③、④

解説

基本は自分が撃たれる前に②直ちに逃げ出すことだ。しかし、犯人が近くに迫ってきていて逃げ出す間がなければ④物陰に隠れる。さらに隠れる余裕もなければ③その場に伏せる。

その場の状況に合わせて最も生き延びられる可能性の高い行動をすることであるが、事件が起きてとっさにその判断をすることはまず無理なので、普段からそのときの行動をイメージトレーニングしておくことで、とっさに判断を下せるようにしておくとよい。

参考［銃乱射の際に生き延びるための思考］

この質問はあくまでも被害者の側に立った状況から捉えているが、犯人の側に立ったらどう見えるのかも考える必要がある。犯人は武器を持っており、主導権は犯人が持っているのだ。そうなると犯人がどう行動するのかを考えないと答えは出ない。この事件がテロだとすれば、犯人の目的は一回の襲撃で一人でも多くの犠牲者を出すことにある。したがって、①のように両手を挙げて抵抗しなかったとしても真っ先に命を落とすことになるだろう。以前テロリストが崇拝する宗教の祈りの一節を唱えると狙われないというようなことが言われていたこともあるが、それによって救われる可能性は決して高くない。仮に犯人の心に響く一節だとしても、犯人は集団で興奮状態にあり悪意を持っているのだ。異教徒に見えるあなたがそのようなことを言って親近感を覚えるのか、あるいは逆効果になるのか、起きてみないとわからない。その場での人の動きはさまざまになるであろうが、多くの人は一目散に逃げる。逃げる人たちに銃口を向けることも間違いない。しかし手を挙げてその場にとどまっていたら、最も撃ちやすい標的になってしまう。そこに賭けるよりは姿勢を低くして早く逃げた方が助かる可能性も高いのではないだろうか。

その場に伏せた場合のメリットは、銃弾に当たりにくくなることだ。理由は複数ある。その一つは犯人は上半身を狙って撃つことだ。そして床に伏せた少数の人よりも、大勢で走って逃げていく集団を撃つ方が効率は良い。

物陰に隠れるメリットは犯人が見逃して素通りすることが期待できる点だ。頑丈なコンクリートの構築物の陰に隠れるのであれば、撃たれたとしても銃弾が貫通しないのでより安全だ。

伏せたり隠れたりしてその場をやり過ごすことができたとしても、犯人はまた戻ってくると考えなければならない。ゴールは犯人によって占拠された施設から無事に離脱することなのだ。

事例 6

爆弾テロに遭遇

少し離れた場所から大きな爆発音が聞こえた。

Q1

あなたなら瞬間的にどう行動すると思いますか？

選択肢

① まずは正確な状況を確認するために現場に行ってみる
② 周囲の人の動きを見てから判断する
③ 一刻も早く遠くへ逃げる

A1

③

解説

実際のテロの現場には、爆発音を聞いて大勢の人が集まってくる。そして二度目の爆発が起こり犠牲者がさらに増える。したがって、爆発音を聞いたら一刻も早く聞こえてきた方向とは反対の方向に逃げる。誰もがパニックになって右往左往しているので人の動きはあてにならない。

参考［爆発は2回起きる］

爆弾テロは同じ場所で2回爆発することを前提に考えなければならない。犯人は大勢の人が集まっている場所で不意打ちで爆弾を爆発させ、できる限り多くの人を死傷させる。そして爆発の音を聞いて集まってくる人々を2度目の爆発に巻き込んでさらに犠牲者を増やす。実際に現場に集まって行き、2度目の爆発に巻き込まれてしまう人は多い。これが爆弾テロの常とう手段なのだ。

したがって、爆発音が聞こえたら決して現場に近づいてはいけない。また、事件現場の周辺は人々がパニック状態になりごった返している。日本人の特性で人と同じことをやれば無難だと考えがちなのだが、この場合、人の動きは全く参考にならないと思った方がよい。

その中で大切にするべきなのはしっかりとした自分の判断である。その場面でどう動くのが最も安全なのか、自分の考え方を確立しておかないと、とっさのときに動けない。私は爆発音がした方向とは逆方向に向かってできるだけ遠くに逃げると決めている。その場に伏せるということを言う人もいる。理由は爆風で何かが飛んでくるということらしいが、爆風は音速よりも早いので、爆発音を認識した時点ですでに爆風は通り過ぎている。建物が崩れてくるかもしれないという説明もあるが、伏せている時間があったら少しでも早く、遠くへ逃げた方がよいと私は考えている。あくまでもこれは私自身の考えであるが、とっさに少しでも助かる可能性が高い選択をするための準備なのだ。これ以外の選択肢も含めて自分が最も合理的だと思う理屈を自分の中で確立しておいていただきたい。

Q2

高級ホテルの喫茶室で打ち合わせを行う場合、万一の際に爆弾の被害をできるだけ小さくするために、①〜③でより安全なのはそれぞれア、イのどちらだろうか？

選択肢

①ア）道路側の喫茶室を選ぶ　イ）中庭側の喫茶室を選ぶ

②ア）出入口階を選ぶ　イ）出入口階を避ける

③ア）大きな柱の傍の席を選ぶ　イ）大きな柱から離れた席を選ぶ

A2

解説　①イ　②イ　③ア

　そもそもテロの脅威が高い場合、高級ホテルはテロのターゲットとなることがあるので、打ち合わせの場所に選ぶのはあまり推奨できない。しかし、現実には業務の都合上避けられない場合も多いと思われる。あえてその中で考えるとすれば、以下の通りだ。

①高級ホテルは比較的警備がしっかりしているため、ホテル内に爆弾を持ち込むのは容易ではない。警備をかいくぐって持ち込めたとしても、大量に持ち込むことは難しい。手っ取り早いのはホテルの前に大量の爆薬を積んだ車両を仕掛けることである。建物の外であったとしても何百キロもの爆弾の威力は大きく、道路側の施設は大きな被害を受ける危険性がある。その点、中庭側であれば自動車爆弾のような大爆発が起こる可能性は低いと考えられる。

②もしも入り口の警備を強行突破して犯人が自爆を謀った場合、上の階に到達するのは困難なので1階で自爆する可能性が高い。できればエレベーターを使って行くような階の方が安全だと考えられる。

③爆弾の影響を考えると大きな柱は盾の役割を果たしてくれる場合がある。もちろ

ん、柱の陰になればという前提ではあるが、爆風の方向によって有効である可能性があるなら利用しない手はない。仮に道路側に面した窓を有する喫茶室でも窓に向かって陰になる場所に席があるのなら、外からの爆発に対して爆風や飛び散る窓ガラスの破片から身を守ることができる。

参考1［一般的にテロのターゲットとなりやすい場所］

- 政府・軍・警察施設
- 宗教施設
- 各国の大使館
- レストラン、ショッピングモール、イベント会場
- ホテル、外国人の集まるナイトクラブ
- 空港
- 公共交通機関やターミナル

など

参考2［テロへの巻き込まれ予防］

前記のようなターゲットになりやすい場所に行く場合には、

①滞在時間をできるだけ短くする
②空いている時間を選んで行く

参考3［テロの脅威が高い時期］

- 大規模なテロ発生の直後
- 大規模なテロ発生の応当日（1年後の同じ日など）
- ラマダンなどの宗教行事の期間中＋前後数日
- テロ予告や犯行の呼びかけがあったとき
- 治安当局や大使館などがテロに関する注意喚起を出したとき

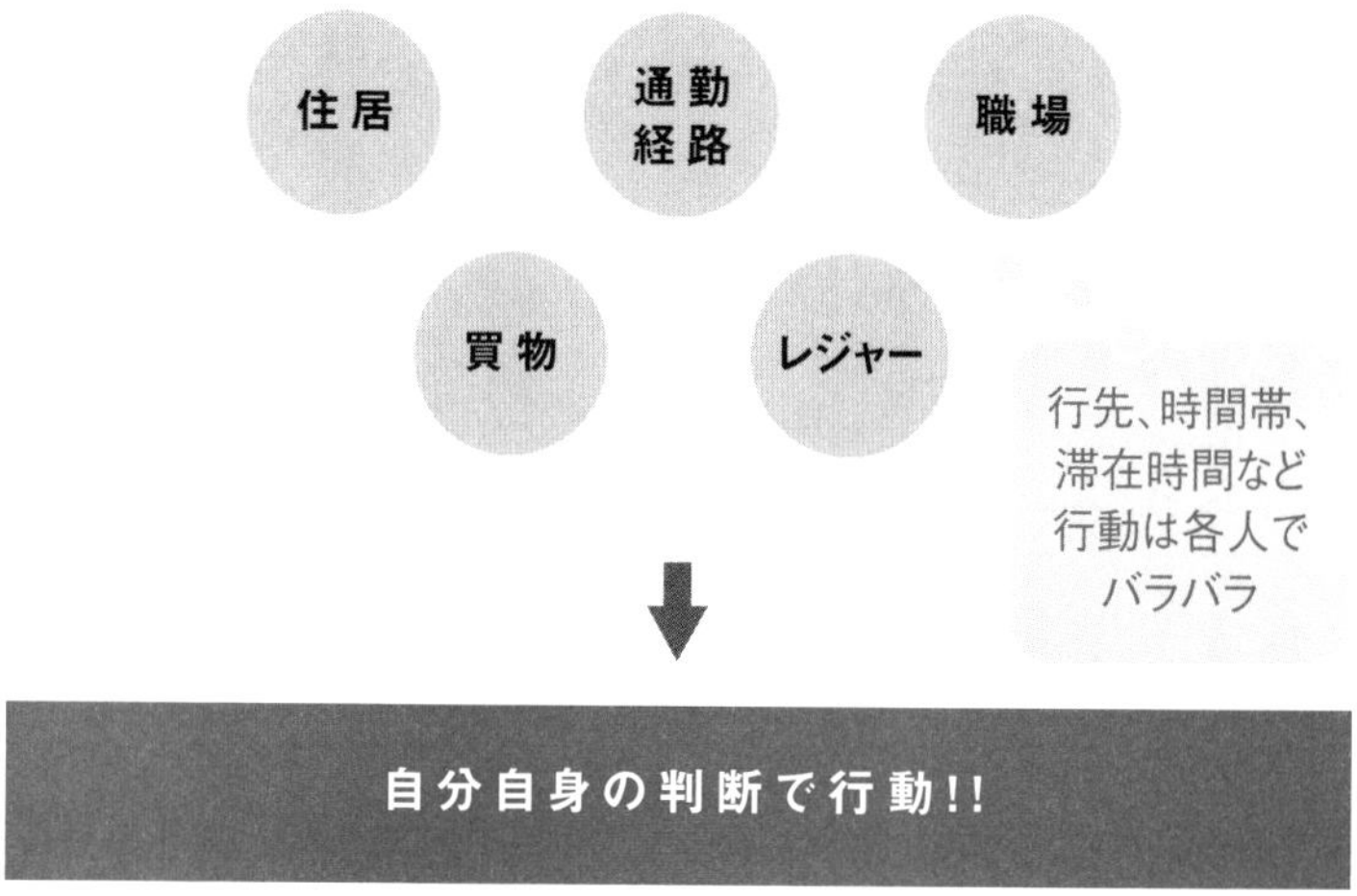

大規模なテロ事件は都市部において毎日のように起きるわけではないが、小規模な銃乱射事件は銃社会である米国においては一日数件の頻度で日常的に起きている。事件に遭遇して助かるかどうかは運次第という面もあるが、普段から事件に遭遇したときの行動を考えることで助かるチャンスが増えるはずだ。

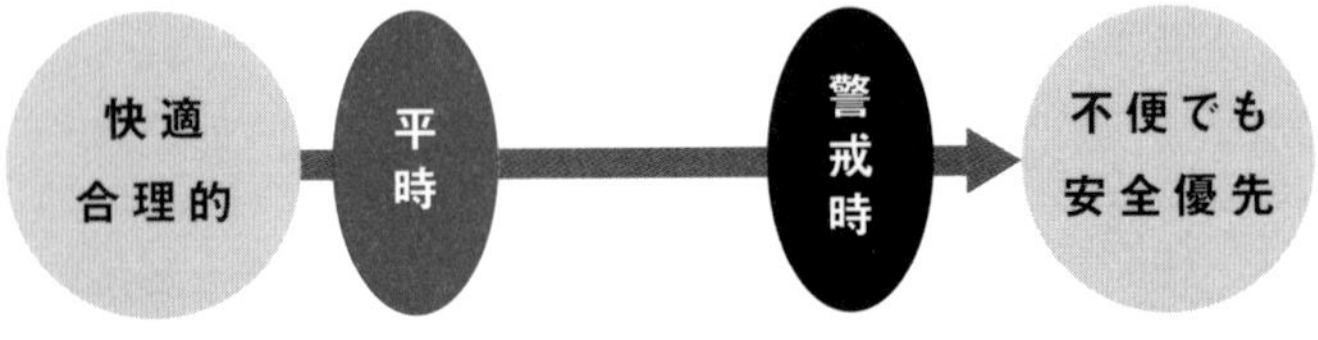

事例7 誘拐被害

中南米のA国に駐在するあなたは通勤途上で誘拐犯グループに拘束され、無理やり車に乗せられ連れ去られてしまった。

市内を抜け、郊外をしばらく走ったところで車が故障し、犯人はボンネットを開けて修理に夢中になっている。

今なら全力で走って逃げれば逃げ切れそうに思える。

Q

そのときあなたはどうしますか？

選択肢

①犯人の隙を見て逃げ出す
②たとえ隙があっても逃げ出さない
③その他

A

解説　②

犯人は拳銃を持っており、あなたが逃げ出したことに犯人が気付いたら射殺される可能性がある。誘拐犯の目的は人質を殺すことではなく、人質と引き換えに身代金を得ることにある。

したがって、よほどの不都合がない限り、大金と引き換えになる人質を殺すことはないのだ。しかし、彼らが危なくなるような場面があれば取引を諦めて容易に人質の殺害を選ぶこともあり得る。自分たちのことを知ってしまった人質が逃げ、通報されて足が付く危険性を察したらそう選択する可能性は高まるだろう。

参考1【誘拐の人質になった場合の心得】

●逃げ出さない

リスクを冒して逃げるよりも、時間はかかっても解放されるのを待つ方が安全だ。

●犯人と良い人間関係を作る

簡単には殺されないまでも、脱走を試みたり、反抗的であったり、扱いにくい相手だと思われると危険だ。人間関係によって扱い方も変わってくる可能性がある。

●必ず解放されることを信じて前向きに考える

身代金目的の犯人との交渉には長い時間がかかることを知っておいてもらいたい。自暴自棄になって反抗的になったり逃亡したりしないよう、気持ちを安定させることが大切だ。

●食事をよく取り、できる限り健康を心がける

解放されるまでの間、体調を崩さないように心がけることも生き延びるための重要な要素だ。

参考2「誘拐のターゲットにならないために」

人質になった場合に無事に帰ってくるための心得も大事だが、そもそも誘拐のターゲットにされないことが最も望ましい。犯人は犯行に及ぶ前にターゲットを選定するのだ。その段階であなたが選ばれないようにすることが最良だ。

●目立たないようにする

社会的に目立つ存在にならないようにする。重要な地位についている、もしくは金を持っていると思われるとターゲットの候補にされる可能性が高くなる。なるべく露出する機会を少なくするよう心がけると、それだけターゲットの候補になる可

能性が低くなるのだ。

●行動をパターン化しない

毎日同じ時間に同じルートで出勤したり、毎週末同じゴルフ場に行ったりするなど、行動を容易に予測されないようにする。行動を予測できると捕まえやすいターゲットになってしまう。

●予兆を察知する

あなたがターゲットの候補になったら、犯人グループは尾行、監視、無言電話などであなたの行動を念入りに調査した上で、犯行に及ぶことになる。

犯人があなたの身辺を尾行したり監視したり調査していることで、普段と違った予兆が見えることが多い。少しでも予兆を感じたら行動パターンを大きく変えるとよい。そして在外公館や本社に異変を感じた旨を報告しておく。犯人側から見ると、行動パターンが変わることによって、誘拐しにくいターゲットとなるのだ。もしかすると気が付いたと思うかもしれない。そうなるとあなたがターゲットの候補から外される可能性が高くなる。

犯人は油断している人間をターゲットにするのだ。

参考３「同僚が誘拐されたら誰に救いを求めるか？」

日本であればまずは警察に知らせるだろう。しかし、海外はうかつに警察に知らせない方がよい。多くの事件に警察官が絡んでいるからだ。ではどこに知らせるのか？在外公館（大使館、総領事館）に相談し、本社にも直ちに連絡する。誘拐事件は対応の仕方によっては命にもかかわり、大きな判断を伴うことが多いので本社主導で対応していく必要があるのだ。

事例 8

暴動が発生

取引先の要請で、アジアB国に単独で出張中、かねてから現政権に対する民衆の不満が高まっていたが、増税の発表が引き金になり、各地で暴動が発生し急激に治安が悪化した。

一般市民も暴動に巻き込まれて死傷者が続出しており、政府は非常事態宣言を出し、軍と民衆の衝突が起き、外務省は危険情報レベル3「渡航は止めてください（渡航中止勧告）」を発出。

あなたの現地での仕事は順調に進んでおり、あと2日で片付く見込みだ。

Q

このまま滞在を続けるかどうか、あなたはどう判断しますか？

選択肢

①あと2日なので仕事を片付けてから帰る

②直ちに帰国する

③地元の人に相談する

A ②

解説

このような事態が発生している場合は、身の安全の確保が最優先なので仕事の進捗は切り離して考えるべきだ。地元の人は混乱した状況の中でもサバイバルしていくことができるので、国外に避難する発想はない。外国人がこのような環境の中で滞在を続けるのは困難なので直ちに帰国する。

参考［緊急避難の考え方］

滞在先が暴動などで一定期間治安が悪くなる場合、直ちに緊急避難するのが賢明だ。判断が遅れると避難者が殺到して定期便の席が取れなくなる。また、治安が悪化していく中でいつまで定期便が運航できるのか不明である。避難した方がよいのか避難しないでも大丈夫なのか、正解が出るまでには最低でも数日はかかる。正解が出てから行動すればよいと考える人が多いが、判断を先取りしなければ安全に避難することはできない。津波の際の避難と似ているのだ。避難した方がよいかどうか迷っているうちに、機を逸して逃げ遅れてしまう。津波の場合は数時間しかないが、暴動などの場合は治安が悪化し始めて定期便が停止するまでに数日の間がある場合が多い。直ちに動けば間に合う可能性がある。しかし、周囲の動きや本社の意見など判断材料を集めているうちにタイミングを逃してしまう。判断の足かせになるのは、避難した後に治安が回復したときの判断ミスだ。しかしこれは判断ミスではなく、正しい危機管理なのだ。安全対策には必ず空振りがある。天秤にかけるとすれば、避難しないで起きる最悪の状況（楽観的な予測は排除）と避難した場合の時間やコストのロスということになる。

第5章

治安上注意が必要な国の例

外務省海外安全ホームページの危険情報レベル

前章で紹介した具体的な対策は、企業研修などの場で喋るととても〝ウケ〟がいい。というのも、すべてリアルな事例であるし、日常生活と地続きになっていることもあるため、皆さんがイメージしやすいからだ。イメージできるから自分の身に置き換えて恐怖を感じたり、危機意識を持ったりできるのだが、そのイメージをどこまで広げていくことができるかが、一つの重要なポイントになってくる。

ここからはもう少し具体的に、海外のさまざまな国における危険について、それぞれ紹介していく。どうかできるだけ自分の身に置き換えてイメージを続けてほしい。

さて、日本人が多く渡航する国の治安情勢はどうなっているだろうか？

結論を言えば、ほとんどの国は日本より治安が悪い。また医療環境も日本に比べると良くない。

外務省の海外安全ホームページには、治安情勢に応じた危険情報レベルが表示されている。国によっては国全体で一つの危険情報レベルでなく、地域別に危険情報レベルが定められている国もある。レベル1「十分注意してください」、レベル2「不要不急の渡航は止めてください」、レベル3「渡航は止めてください（渡航中止勧告）」、レベル4「退避してください」の4区分だ。その4区分より低い、言わばレベル0の国も多い。

同ホームページには豊富な情報が記載されているが、活用する際に注意すべきことが2点ある。一つ目は、危険情報レベルはその国の中長期的な脅威度を記載しているものなので、例えば暴動が発生して治安が急に悪化してもすぐに引き上げされない。そのようなときには、外務省が比較的早めに発信するスポット情報や危機管理会社のアラート情報を参考にするとよい。なお、スポット情報は外務省の「在留届」や「たびレジ」に登録するとメールで情報を受け取ることができる。登録は無料だ。

二つ目の注意点は、リスク別の脅威度を簡単に読み解くことができないことだ。地域別に危険情報レベルが表示されているが、その地域の危険情報レベルが高い理由が、一般犯罪（強盗、スリなど）なのか、暴動なのか、テロなのか、誘拐なのかは情報を深く読み込んで自分で判断するしかない。ちなみに私の会社では、地域ごとの危険情報レベルだけでなく、一般犯罪、デモ・暴動、政変・戦争、テロ、誘拐、交通事故、医療環境・感染症などといった種類別に脅威度を高・中・低の3段階で表し、すぐに理解してもらえるようにしている。

なお、外務省の海外安全ホームページには治安に関する危険情報レベルと並行して、感染症の脅威度を示す感染症危険情報レベルも国（地域）別に掲載されている。

治安上注意が必要な国の実例、直近の国外退避の実例

この章では、企業が駐在員や出張者を派遣することの多い国（地域）で、治安情勢や医療環境で注意すべき国としてメキシコ、フィリピンの情勢を紹介する。併せて国外退避の参考実例としてミャンマー、スーダンについて紹介する。

メキシコは強盗・窃盗・カージャックなどの一般犯罪と誘拐、脅迫リスクに警戒が必要な国である。フィリピンは強盗・窃盗などの一般犯罪、誘拐に警戒が必要であ

り、テロや感染症にも注意が必要だ。

ミャンマーは2021年2月に発生した軍事クーデターにより多くの企業が国外退避を余儀なくされた国であり、治安がまだ回復していない。スーダンについては2023年4月の内戦で、在留邦人が自衛隊の支援により短期間で国外退避を実行できた。さらに、本稿の筆を置こうとした2023年10月7日には、イスラエルとガザ地区の大規模な紛争が発生し、12月時点で少なくともあと数か月は続くという見方がある。ロシアとウクライナの戦争も終息の見通しが見えてこない。

ここでは、ミャンマーとスーダンの2つの国外退避の事例の紹介にとどめるが、「最悪のことはどこの国でも起こり得る」という想定で参考としていただきたい。

メキシコの治安情勢

外務省が発表しているメキシコの危険情報レベルは2023年7月現在、地域により3つのレベルに分かれる。内訳は「十分注意（レベル1）」、「不要不急の渡航中止（レベル2）」、「渡航中止勧告（レベル3）」となっており、メキシコ市などはレベル1だ。ちなみに私の会社のメキシコのリスク別脅威度評価では、一般犯罪、誘拐が

「高」、デモ・暴動、交通事故、医療環境・感染症が「中」、政変・戦争が「低」となっている。

メキシコの２０２２年の総犯罪被害届出件数は約２１４万件だが、届け出率は10％程度、実質的には犯罪発生率は日本の約40倍と言われている（外務省海外安全ホームページ）。

届出されないケースが多いのは、届けても解決しない、届けると犯人から仕返しされる、中には届けた警察官から賄賂を要求されるからというのが主な理由だ。

各地で、殺人・強盗などの凶悪犯罪が頻繁に発生している。路上、タクシー、バス、レストラン、空港などさまざまな場所において、日本人が強盗、スリ、置き引きなどの被害に遭っている。自動車運転中に、拳銃を突きつけられて所持品を奪われる、または車ごと奪われるカージャックも発生している。特に都市間の長距離移動には注意を要する。陸路は強盗や誘拐の被害に遭う危険が伴うため、航空機の利用が望ましい。特に夜間の車での移動は止めた方がよい。空港やバスターミナルでは、犯罪グループが報奨金目当てに、外国人の荷物に違法薬物を忍ばせた上、警察に密告するという手口もある。荷物から目を離さないことが重要だ。

地域によっては、武装集団や犯罪組織間の抗争及びこれらと治安当局との銃撃戦が発生しており、多くの死者が発生している。日本人が当事者になることはないと思うが、もし近くで銃撃戦が発生したら、巻き込まれないようすぐにその場を離れることが肝要だ。

誘拐も多発している。全土で組織的な犯罪として横行しており、身代金を目的としたビジネスとして定着している。「裕福」と認識されやすい日本人も標的となる可能性があるため、誘拐に遭わないための対策は必須である。誘拐対策には、誘拐されないための予防対策と誘拐されたときの対応の両方が必要だ。

なお、一般的な身代金目的の誘拐の他に、特段標的を絞らず偶発的に行う「短時間誘拐」も多く発生している。被害者を拘束して、ＡＴＭで現金を１日の限度額まで引き出させ、場合によっては翌日に再び現金を引き出させ、現金を奪った後に解放する手口が典型的だ。

先に少し触れたが「バーチャル誘拐（偽装誘拐）」も発生している。実際は誘拐していないものの、誘拐を装って金銭を要求する手口だ。日本の特殊詐欺（オレオレ詐欺）

のメキシコ誘拐版と説明するとわかりやすいかもしれない。

その他、誘拐と隣り合わせの犯罪と言える脅迫事件も発生しており、実際、日本人駐在員も被害に遭っている。対応方法を一歩誤ると、危害を加えられたり、再度被害にあったり、誘拐されたりするリスクをはらんだ重大犯罪だ。

誘拐や脅迫に遭ったときに、被害者を危険にさらさずに的確に対応することは簡単ではない。企業としては、被害者の人命を守るために、日頃から専門家に対応依頼できるような体制を整えておくことをおすすめする。

フィリピンの治安情勢

外務省の発表しているフィリピンの危険情報レベルは2023年7月現在、マニラ市などはレベル1となっている。レベル感についてはメキシコ同様だ。私の会社のフィリピンのリスク別脅威度評価では、一般犯罪、テロ、誘拐が「高」、医療環境・感染症が「中」、デモ・暴動、政変・戦争、交通事故が「低」である。

フィリピンの2021年犯罪発生件数総計は約23万件で、強盗は日本の約4倍、殺人は約６倍、性的暴行は約６倍だ（外務省海外安全ホームページ）。フィリピンの人口は日本の人口とほぼ同じなので、そのまま日本との発生比率比較と見てよいだろう。

一般市民でも合法的な銃の所持携行が認められている他、未登録の銃器や密造銃なども広く出回っているため、銃器犯罪を生みやすい。

マニラでは強盗の発生率が高く、邦人の「睡眠薬強盗」被害も毎月ある。邦人は強盗や窃盗などといった凶悪事件の標的になる可能性が他の外国人と比べて高く、殺人被害もほぼ毎年発生している。

また、フィリピン全域で犯罪組織による身代金誘拐事件、そしてミンダナオ地方西部を中心にイスラム系過激派組織による誘拐事件が多数発生しており、２０１８年には犯罪組織（個人）による誘拐事件が全国で29件、イスラム過激派組織による誘拐事件が16件発生している。ミンダナオ島西部地域やスールー諸島では、イスラム過激派組織アブ・サヤフ・グループによる外国人誘拐のリスクがある。マニラではヤミ金融やカジノに関連した誘拐事件が急増しているが、ターゲットは中国人が多い。

テロについては、主にミンダナオ地方で複数のイスラム系過激派組織や共産党傘下の武装組織がテロ・ゲリラ活動を展開している。2016年にはミンダナオ島ダバオ市の夜間市場での爆弾テロ事件を受けて、全土対象の国家非常事態宣言が発令された。

ミャンマーの軍事クーデター

ミャンマーは2021年2月1日の軍事クーデター以降、国軍による統治が継続しており治安は回復していない。外務省が発表しているミャンマーの危険情報レベルは2023年12月現在でも、ヤンゴン、ネピドーなど主要都市がレベル2となっており、2023年11月には治安が不安定な地域はレベル3に引き上げられた。私の会社のミャンマーのリスク別脅威度評価では、デモ・暴動、テロ、医療環境・感染症が「高」、一般犯罪、政変・戦争、交通事故が「中」、誘拐が「低」としている。

ミャンマーの情勢に関して参考となるのは、クーデター発生後の治安悪化と邦人の国外退避までの流れである。推移をたどると以下の通りである。その際に企業がどのような課題を抱えていたのか、参考までに私の会社の対応も記載している。

2月1日	軍事クーデター発生、1年間の国家非常事態宣言、夜間外出禁止令 ・抗議デモ発生 ・インターネット通信障害 ・銀行ATMに人が殺到、一部の銀行は業務停止 ・国際空港閉鎖、航空便は半分近く欠航 安全サポート株式会社　1日5本情報提供 外務省　スポット情報配信、「危険情報レベル1：十分注意してください」のまま
2月第1週	インターネット通信が断続的に遮断、大規模抗議活動、航空便の欠航増加、外出が危険な状況が続く
2月中旬	ネピドーで1万人のデモ、治安当局が放水等で実力行使開始、その後ゴム弾の制圧行動に移行、2週間で拘束者400人以上、インターネット終日または夜間遮断、定期便運航停止が増加し予約受付混乱
2月12日	安全サポート株式会社　一時的な退避検討を推奨、「外務省危険情報レベル3：渡航中止勧告、退避の準備を促すメッセージを含む」に相当

2月19日	初の死者（2月9日ネピドーで銃撃されたデモ参加者）
2月下旬	治安当局が制圧行動に実弾使用顕著化、死者数急増 定期便は3週間後までほとんど欠航または満席
2月21日	外務省　「危険情報レベル2：不要不急の渡航は止めてください」に引き上げ
3月5日	安全サポート株式会社　国外退避を推奨（「外務省危険情報レベル4：退避勧告」に相当）。国外退避用チャーター機利用アンケート実施
3月9日	外務省　スポット情報「商用便による帰国の是非を検討」ただし「危険情報レベル2」のまま、引き上げされず
3月14日・15日	ヤンゴンの6つの郡に戒厳令発令
3月中・下旬	日本企業の駐在員の国外退避増加
3月17日	安全サポート株式会社　ヤンゴン空港までの移動の身辺警護2組手配
5月末	累計死者数約840人、拘束者数約4400人

ミャンマーの人権団体の発表によると、クーデター発生から2年半経過した2023年7月末の民間人の累計死者数はなんと3800人以上にのぼる。

駐在員の命を守るためには、情報収集と早めの退避判断が不可欠だ。どのような情報を、どこから、どのタイミングで収集するか、それともっと大事なのは、その情報をもとに誰の判断で、いつ、どのように安全対策につなげるか、さらに自力で現地から退避できない場合にはどこに支援をしてもらうかという体制を敷いておくことが重要である。

もし今後、他の国でクーデターや大規模暴動が発生した場合の安全対策に役立ててほしい。

スーダンの内戦

2023年4月に発生したスーダン内戦に関する国外退避について紹介する。

国外退避として皆さんの関心が高いのは、台湾有事であり、場合によっては朝鮮半島有事だと思うが、ここではスーダンにおける急激な内戦により滞在が極めて危険な状態になったときの国外退避の困難さを認識していただきたい。

スーダンの国外退避で特筆すべきは、自衛隊が法的な制約を抱えながら、極めてタイムリーに邦人を国外退避させたことである。他国の対応に比べても遜色なく迅速に退避できた。

主な情勢の推移は以下の通りである。

4月15日	首都ハルツームを含むスーダンの広い地域でスーダン国軍（SAF）と準軍事組織である即応支援部隊（RSF）との間で衝突が発生し危険な状況。
4月16日	衝突はハルツームを中心に国内各地で発生、継続。首都空港は閉鎖。外務省　スポット情報「渡航を見合わせてください」発出。
4月17日	国軍とRSFが戦闘開始、2日間で民間人少なくとも61人死亡、兵士含め670人超負傷。外務省　全土に危険レベル3発出「渡航は止めてください（渡航中止勧告）」。
4月19日	ハルツームで激しい戦闘が継続。国軍とRSFの戦闘続く、少なくとも270人死亡、2600人負傷。国軍は現地18日に24時間一時

	休戦を発表するも、戦闘状況は継続。スーパーや家電ショップ等への襲撃、一般市民の住居侵入強盗等も発生。在スーダン日本国大使館からの在留邦人メール「状況説明、安全な場所への退避、待機を継続して下さい」。
4月20日	激しい戦闘が継続。24時間一時休戦を発表。在スーダン日本国大使館からの在留邦人メール「状況説明、安全な場所への退避、待機を継続して下さい」。日本の浜田防衛相（当時）が在留邦人の国外退避へ自衛隊機の派遣命じる。
	ドイツ政府は19日に出した自国民の退避作戦を戦闘激化で中止。
4月22日	スーダン軍は、英、米、仏、中国の外交官及び国民を数時間以内に退避させるとの声明を発表。
4月21日～23日	スーダン軍とRSF停戦合意。ただし戦闘は継続。国軍とRSFの戦闘続く。WHOは死者約330人、負傷者約3200人と発表。
4月23日	RSFは、米軍と調整の上、国外退避のため航空機6機が使用されると発表。
4月25日	在スーダン日本国大使館からの在留邦人メール「大使館館員はジブチ共和国ジブチに退避する。大使館は4月24日をもって一時閉館。」

また、各国の主な退避状況は以下の通りであった。

4月22日	**サウジアラビア**　自国民91人、カタール、パキスタン、UAE、カナダの66人をポートスーダンから海路でサウジアラビアのジェッダに退避。
4月22日	**米国**　輸送ヘリ3機で100人弱を退避。
4月23日	**米国、英国**　スーダン軍の許可を得て、外交官をハルツームから30㎞離れた飛行場から退避。 **日本**　日本人41人と同家族4人が、ハルツーム市内の集合場所に集合し複数に分かれてポートスーダン着。UAEと韓国に協力を要請し、両国の車列に一部邦人を組み込んでもらった。 **イタリア**　退避を希望する自国民105人とポルトガル、オーストラリアなど外国人31人を退避。
4月24日	**スイス、スウェーデン、デンマーク、レバノン、オランダ**　自国民の避難完了発表。 **フランス**　自国民と欧州16か国、日本人2人、アフリカ13か国、アジア・太平洋5か国、米国、カナダの36か国の計491人を、スーダ

4月25日

ン軍の許可を得て2日間かけハルツームから30km離れた飛行場からジブチに退避。

ドイツ、スペイン、イタリア、ヨルダン　自国民と外国人を退避。

韓国　自国民24人と日本人数人を含む複数国の国民をポートスーダンよりサウジアラビアのジェッダに海路退避。

フランス　フランス機で日本人4人、同家族1名をジブチやエチオピアに退避。

日本　自衛隊機で日本人41人と家族4人を乗せポートスーダンを出発、ジブチに到着。

フランス赤十字　日本大使館員6人と家族2人をハルツームの空軍基地からジブチに退避。

日本人のスーダンからの退避者数は51名、その家族7名、計58名となる（1名は現地残留希望）。わずか4～5日の間で、韓国、フランス赤十字などの協力を得ながら、自衛隊機によって無事国外退避することができた。

文面では表しきれないほどの大きな困難、ご苦労があったに違いない。

さて、スーダンの退避実例は、今後発生するかもしれない台湾有事、朝鮮半島有事の参考になるだろうか。私の見解は「大きく異なる点があるので、スーダンの退避実例を参考にしすぎると安全な退避はできない」だ。一体どこが違うのかを解説したい。具体的には「退避人数」、「武力紛争の規模」、「退避するための空港が使えるか」、「自衛隊機の支援の有無」の4つのポイントが大きく異なると考えられる。

まず一つ目の「退避人数」についてだが、在留邦人数は、台湾約2万人、中国約10万人、韓国約4万人とスーダンと比較できないほど多い。短期出張者や旅行者を加えると、もっと多くの邦人がいることになる。これだけ多くの邦人が国外退避するには、もし定期便が運航していると想定しても相当の日数がかかってしまう。武力紛争が発生する前の早期退避が必要な理由である。

次に二つ目の「武力紛争の規模」。スーダンは内戦だったが、台湾有事、朝鮮半島有事は戦争を想定している。したがって、武力紛争の規模も比較にならないくらい大きく、しかも短時間で広範囲が危険な状態になるということを想定しておかなくてはならない。また、スーダンの場合は数日間で休戦となったが、戦争の場合は短期間で休戦となることは考えにくい。もし武力紛争が発生し取り残されてしまうと、長期間過酷な状況が続くことが想定される。

三つ目の「退避するための空港が使えるか」については、武力紛争が発生したら、台湾、韓国の主要空港は真っ先に攻撃されて使用できなくなると考えるべきだ。スーダンの場合は内戦だったので空港は攻撃されなかった。ミャンマーもクーデターだったので空港は利用できた。内戦やクーデターと戦争では、空港に対する攻撃の仕方が異なるのだ。空港が利用できないとなると、政府のチャーター機や特別便、民間セキュリティ会社のチャーター機も飛ばせないことになる。

航空機による退避ができない前提で、韓国であれば国際フェリーも退避ルートの選択肢として重要である。ただし、台湾からは日本行きの国際フェリーはなく、そもそも海からの退避は危険である。

最後の「自衛隊機の支援の有無」についてだが、台湾有事に関しては、武力紛争発生前も発生後も自衛隊の支援は期待できないと考えられる。スーダンでは自衛隊が出動できたが、武力紛争発生前に緊張が高まっている中で自衛隊機を台湾や中国に飛ばすことは中国を刺激させてしまうため難しいだろう。武力紛争発生後は、戦争している危険な国に自衛隊機を飛ばすことができるかという法的な問題がある。そもそも空港が利用できない状態になっていると想定されるため、民間の定期便が飛んでいる間に退避すべきである。このように、台湾有事では自衛隊の出動は難しいことを前提に対策を講じることが重要だ。

第6章

最近マスコミをにぎわしている重大事案

これから起こるかもしれない危機

前章では、恒常的な犯罪などの脅威で注意すべき国の情報と国外退避の実例について紹介した。あくまで例なので、全く同じ行動をすればうまくいくという保証はない。どちらかと言えば、何かが起こる前の判断次第では、先の例のような脅威に巻き込まれることもある、という警鐘と捉えていただいた方がよいのかもしれない。逆に、今、これからの世界ではどんなことが脅威なのかを知ることができれば、巻き込まれるリスクの軽減につながるだろう。そこで本章では「今、警戒すべき国・地域」の事象について解説する。

これから紹介することは、平和な日本にいる私たちにとっては対岸の火事に思えるかもしれない。しかし、どうか自社の大切な社員、仲間が駐在していたら、という気持ちで読み進めてほしい。

ここで取り上げるのは『台湾有事』、『朝鮮半島有事』、『中国の改正反スパイ法』の3つである。

『台湾有事』、『朝鮮半島有事』は発生していないが、発生することを否定できないという前提で今からどのように備えるべきかについて解説する。『中国の改正反スパイ法』に関しては、拘束されている邦人も多く、今後も拘束される邦人が出ないとも限らないため、拘束されないための対処法のポイントを解説する。

台湾有事

中国、台湾、米国の意図

まずは、中国と台湾がどのような意図を持っているか、米国はどのように動くのか、その可能性について見ていく。今後情勢がどのように推移するかを判断する上で重要なファクターだからだ。

中国は「どんな手段でも台湾を統一したい」と思っているが、「侵略は最後の手段」だというのが本音だろう。習近平国家主席は過去の指導者の誰よりも統一を成し遂げたいという気持ちが強いと言われており、実際、「台湾奪還には武力行使も辞さない」と明言している。

台湾統一を遂げたい（台湾の独立を阻止したい）理由として、以下のようなことが挙げられる。

・台湾を統一することにより、南シナ海や東シナ海への領土拡大を果たしたい（逆に米国から見ると台湾統一は絶対に阻止しなければならない）

・台湾の独立は新疆ウイグル自治区など中国の統治に満足していない地域に影響し、それらの地域の独立機運が高まる

一方、中国はロシアより国際経済にかなり深く入り込んでいる。ロシアのウクライナ侵攻に対する欧米の経済制裁を中国がどう見ているかも注目される。少なくとも習近平国家主席の3期目の任期が終わる2027年まで目が離せない状況だ。

一方、台湾はどうかというと、現在の台湾政府は現状維持を望んでいる。国民の多くも統一は望まない、独立する必要もない、戦争は嫌だ、現状維持がよいと思っている層が多いと言われている。ただ、独立派が増加しているという分析もある。

2024年1月の台湾総統選挙で、中国からの独立志向が強い民進党の頼清徳氏が当選したことで、中国が軍事的な挑発を強化する恐れがある。

そんな中、米国はどう動くのか。バイデン大統領は「台湾海峡に紛争が発生すれば軍事介入する」と明言しており、米国議会は台湾を軍事支援する台湾政策法案、台湾紛争抑制法案、台湾保護法案などを成立させ、台湾への武器輸出を開始している。

中国のトップが「台湾奪還には武力行使も辞さない」、米国のトップが「台湾海峡に紛争が発生すれば軍事介入する」と明言している状況なのだ。このような状況で、危機管理の基本としては、最悪の展開(=戦争)が発生し得ると想定した準備を行うのである。

最近の台湾情勢

最近の台湾情勢について、主な出来事を振り返ってみる。

2021年3月	米国のインド太平洋軍デービッドソン司令官が「6年以内（2027年まで）に中国が台湾を侵攻する可能性がある」と軍事委員会公聴会で証言し、世界を震撼させ、台湾有事が注目されるようになった。
2022年5月	バイデン大統領が「台湾海峡で紛争が発生すれば米国は軍事介入する」と発言。その後も何回か同様の発言をしている。
2022年8月	米国のNo.3の地位にあるペロシ下院議長が台湾を訪問。中国が猛反発し、台湾を取り囲む6か所の海域と空域で軍事演習や実弾射撃を実施。以後中国軍による台湾海峡中間線の突破が常態化。
	中国が「台湾問題と新時代中国統一事業」白書で、「台湾の奪還には武力行使も辞さない」とする姿勢を示した。
2022年10月	米国の政府高官から「習近平主席が人民解放軍に対し2027年までに台湾侵攻の準備を終えるよう指示した。今後10年衝突の恐れは年々高くなる」、「中国が台湾奪取の計画を大幅に早めようとしている」という発言相次ぐ。
2022年11月	米中が初めて対面の首脳会談を実施したが、両国の溝は埋まらず。
2022年12月、2023年1月	中国軍による台湾周辺での大規模軍事演習。

2023年1月	米空軍航空機動司令部の大将が内部メモで「米中が2025年に戦闘を始める」と予測。米下院外交委員会の委員長が「台湾を巡り米国が中国と衝突する可能性は非常に高い」と発言。
2023年2月	中国の気球が米国上空に飛来、米国が撃墜。米国ブリンケン国務長官の訪中延期。
2023年3月	中国の国会に相当する全人代で、習近平国家主席が台湾との統一推進を強調する演説。
2023年4月	米国のマッカーシー下院議長が台湾の蔡英文総統とロサンゼルス近郊で会談し台湾の支援を表明。中国が猛反発し、報復措置として大規模な軍事演習。
2023年5月	G7首脳声明の日に合わせて中国軍が台湾で大規模軍事演習。
2023年6月	米国ブリンケン国務長官が中国訪問し米中外相会談。翌日に習近平国家主席と「面会」。面談ではなく面会したという内容。
2023年7月	台湾が年間最大規模の軍事演習「漢光39号」。中国の圧力の高まりを受け規模拡大。民間空港への侵攻を想定した演習は初めて。

2023年8月	台湾副総統の米訪問に反発し中国軍東部戦区が軍事演習。
2023年9月	中国軍機の台湾周辺への飛来機数が過去最多。空母と連携する動き。

以上が、拙稿執筆時までの主な動きである。

想定される台湾有事のバリエーション

では実際にはどのような危機管理を行うのか。まずは台湾有事が発生する場合のバリエーションを想定する必要がある。大きく分けると「軍事行動を伴わない統一」、「一部武力行使を伴うハイブリッド戦による統一」、「軍事行動による統一」の3種類が考えられる。

この中の一つということでなく、いくつかの組み合わせで統一されることや、最初の行動がその行方によっては別のバリエーションに移行することも十分あり得ると想定する。

まず「軍事行動を伴わない統一」は、中国が武力行使を伴わずに統一するバリエーションである。例えば中国が台湾の物流と往来を分断し、エネルギーと物資不足になったところで協議を迫り、統一することが考えられる。安全上の脅威を伴わないため、経済活動の継続などへの支障は出るかもしれないが、緊急国外退避などの安全対策は必要ない。ただし、統一された後しばらくは社会的な混乱や治安の悪化などが起きないか動静を注視していくことが必要だと考える。

二つ目は「一部武力行使を伴うハイブリッド戦による統一」。中国が限定的な武力により台湾の議会やメディアなどを占拠すると同時に、フェイクニュースを発信し、社会不安をあおり、その間に親中政権を誕生させるというバリエーションだ。武力行使は限定的だが、台湾の反撃によっては大規模武力衝突に発展することも考えられるため、ハイブリッド戦の兆候が見えたらすぐに国外退避することをおすすめする。

最後の三つ目は「軍事行動による統一」。短時間で大変大きな安全上の脅威につながるバリエーションだ。軍事行動をさらに、全面侵攻、台湾周辺の海上封鎖、台湾の島しょへの侵攻と分ける考え方もあるが、海上封鎖、台湾の島しょへの侵攻は全面侵攻につながる端緒と見た方がよいだろう。

なお、私の会社のパートナーである米国の安全保障シンクタンクでは、次の4つのバリエーションに分けて分析しているので紹介しておく。

1. 中国と台湾が外交で平和的に協力するというバリエーション。現時点での可能性は15%と低い。
2. 中国が台湾に対して主に経済的強制力を行使し、台湾政府に中国との政治的統一を納得させるバリエーション。現時点での可能性は35%
3. 中国が主に軍事的強制力を行使し、台湾が独立を追求しないよう圧力をかけるバリエーション。現時点での可能性は40%
4. 台湾侵攻のバリエーション。現時点での可能性は10%

中国はこれらのバリエーション（戦略）を組み合わせて使う。どれかだけを使うわけではない。これらの手段を組み合わせて使うと見ている。

いずれにせよ、「軍事行動による統一、台湾侵攻」は短時間で大きな安全上の脅威につながるため、これに備える対策を講じておくことが大切だ。対策については以下に詳しく述べることとする。

推奨する企業の対策

合わせて企業として策定すべき「軍事行動による統一、台湾侵攻」を想定した台湾有事の備えとして、捉えておくべきポイントを列挙する。

- 武力紛争勃発の兆候はある程度把握可能である
- 空域・海上封鎖は武力紛争勃発につながる可能性が大きい
- 武力紛争が勃発したら、台湾海峡での空域・海上の戦闘だけでなく、台湾本土へのミサイル攻撃、空爆、上陸があり得る
- 武力紛争が勃発してからでは、航空機の運航が不可能となり、国外退避経路と手段の確保が難しくなる

したがって、武力紛争が勃発する前に国外退避することが肝要である。そのために

は以下のようなことを実施することが不可欠だ。

- 武力紛争が勃発する兆候を見極める
- 退避のトリガーを常時監視する
- 退避できない場合を想定して、できる限り安全に籠城できる場所を確保しておく
- 武力紛争が勃発する前に退避できるような体制をどのように構築するかを考える

台湾有事の退避計画には、「退避に関する方針」、「発生した事象ごとの対応方法、つまり退避のトリガー」、「退避のトリガーが発生したかを監視する方法」、「退避方法」などを定め、台湾駐在員と本社危機管理部門が十分に意見交換して、納得がいくまですり合わせておく必要がある。

繰り返しとなるが、退避のトリガーは武力紛争が勃発したらでなく、勃発しそうな兆候が出たら定期便で安全に国外退避する計画としておくこと。武力紛争が勃発した後では安全な退避が困難となることを念頭に策定する。政府の臨時便や民間のセキュリティ会社のチャーター機による退避を期待しすぎるのは禁物だ。

退避計画は、「平時の緊張段階」、「高度の緊張段階」、「武力紛争勃発の予兆段階」、「武力紛争が勃発してしまった後」の4段階を設定し、それぞれの該当する事象の例

を複数ピックアップしておき、今どの段階なのかを常時把握して対応する必要がある。

なお、退避計画を策定したら終わりというわけにはいかない。退避のトリガーを常時監視するという重要な業務を継続していく必要があるが、普通の企業では中国軍の動きを分析し、侵攻の兆候を把握することは極めて難しい。例えば大規模演習が実施された場合に、その奥に潜む軍隊の動きなど、侵攻の準備が進んでいるかどうかの分析が必要だ。

そのような際に、専門業者の存在は心強い。例えば私の会社では軍事専門家や米国の安全保障シンクタンクなど複数の情報を常に収集し、侵攻の兆候をできる限りタイムリーに見極めることができるよう情報収集している。

台湾有事が発生した場合に中国に滞在している邦人のリスク

台湾有事の想定リスクは武力紛争だ。しかも、もし中国と台湾が衝突すれば、米国が軍事支援し、日本も米国を支援することになると予想されるため、中国にいる邦人は敵国人扱いとなり、過酷な状況に置かれるかもしれないということを想定しておかなければならない。

身体的・経済的な嫌がらせだけでなく、最悪の場合は拘束、出国禁止、資産没収などが行われると想定し、退避計画は台湾だけでなく中国の退避計画も策定しておくべきだ。

台湾からの退避計画と異なり、中国からの退避計画は以下のようなポイントを踏まえて策定することが重要だ。

●中国本土へのミサイル攻撃、空爆、上陸の可能性は低い

●武力紛争勃発後も、一定期間は定期便による国外退避は可能かもしれない。ただし、脱出者が殺到した場合は定期便の予約は取りにくくなることも想定しておく

●武力紛争勃発後に滞在している場合、日本人であるがゆえの脅威が考えられる（前述の通り）

中国からの退避トリガーを考えるときに注意しなければならないことがある。それは、台湾にいる場合は自分の身に直接降りかかるかもしれない脅威を想定しやすいが、中国大陸にいる場合は対岸の火事としか認識できないことだ。しかし、武力紛争が勃発すると、前述の通り中国にいる日本人は敵国人扱いされることになりかねない

ため、武力紛争が勃発する前に退避することを考えるべきである。

今後注視すべきこと

最後は、最も気になる「台湾有事が今後どうなるか」である。

２０２４年１月の台湾総統選挙で、中国からの独立志向が強い民進党の頼清徳氏が当選した。

新総統の政治姿勢が中国に対して敵対的であったり、米国の政府や議会の要人が台湾を訪問したりした場合は、中国が軍事的な挑発を強化する恐れもあり、しばらくは警戒が必要である。

また、米国の２０２４年11月の大統領選挙も米国の台湾政策に影響を与えるイベントである。

「今後どうなるか」に関する筆者の結論は、「台湾有事が発生するか、いつ発生するかはわからない。発生するとすればどのように発生するかもわからない。発生しないとも言い切れない」である。しかし発生する可能性が少しでもあれば、その対策を取っておくことが危機管理の基本であることは間違いない。

朝鮮半島有事

次に紹介するのは朝鮮半島有事だ。特に北朝鮮の意図や最近の朝鮮半島の情勢については、なるべく広くアンテナを張り、小さな情報でもキャッチできるようにしておくことが望ましい。

まず、北朝鮮の意図として、朝鮮半島の統一が国是と言われている。ただし韓国は統一に応じる可能性が低い。そのため、武力行使による統一の準備を行っている。軍事専門家の中には「必ず起こる」、問題は「時期」と「方法」だけだとする分析もある。

北朝鮮はここ数年間で軍事力を飛躍的に増強した。特にミサイルの開発は目覚ましいものがある。弾道ミサイルは韓国全土への攻撃が可能となり、軌道変更可能で命中精度が高いため、韓国軍が撃ち落とせない可能性がある。昔と違ってロケット砲はソウルの中心部を東西に流れる漢江を越え、ソウルの南側まで届くようになった。核の使用もちらつかせており、米国の介入を阻止するための核、ＩＣＢＭも開発している。

今後、ＳＬＢＭ（潜水艦発射弾道ミサイル）が開発されれば大変大きな脅威となるが、開発は数年以内では難しいと言われている。

2010年	延坪（ヨンピョン）島砲撃事件　北朝鮮・韓国両軍により砲撃戦、４名死亡
2016年	北朝鮮が核実験　１年間に2回
2017年	北朝鮮が核実験6回目（以降行われていない）
2018年	史上初の米朝首脳会談、一時期米朝が宥和する様相も見えたが長続きしなかった
2022年	保守系の尹錫悦氏が韓国大統領就任
2022年 9月〜11月	朝鮮の相次ぐミサイル発射に韓国・米国軍が合同軍事訓練、北朝鮮が対抗措置、金正恩総書記は「いかなる非核化交渉も禁止する」と表明 米原子力空母「ロナルド・レーガン」を含む空母群が釜山に入港 北朝鮮が弾道ミサイル発射「変則軌道で距離６５０キロ」 北朝鮮の軍機約１８０機が南北境界に接近、韓国軍戦闘機80機が緊

	急発進 米軍爆撃機B1Bが朝鮮半島へ、韓国軍との合同訓練に参加　など
2023年6月	米韓両軍「2023連合・合同火力撃滅訓練」、6年ぶりに国家レベルで実施
2023年7月	米軍の原子力潜水艦「ケンタッキー」が釜山に、原子力潜水艦「アナポリス」が済州海軍基地に入港、北朝鮮に抑止力を誇示
2023年9月	北朝鮮の金総書記がプーチン大統領と会談
2023年10月	米原子力空母「ロナルド・レーガン」を中核とする空母打撃群が釜山に入港
2023年11月	板門店の北朝鮮兵士が拳銃携帯、DMZで監視所再開、12月には韓国軍を中心とする国連軍も拳銃携帯の警備開始
2023年12月	北朝鮮、軍事偵察衛星の成功祝い宣伝画制作
2023年12月	北朝鮮がICBM発射、米韓協議に反発か

北朝鮮によるミサイル発射（挑発）、それを抑止するために米国・韓国軍が軍事演習を行い、北朝鮮が報復のためにまたミサイル発射という悪循環は今後も続きそうだ。

想定される朝鮮半島有事のバリエーション

朝鮮半島有事として考えられることは、大きく分けると北朝鮮による「武力を用いた威嚇」、「限定的な武力行使」、「全面的武力行使」の三つに区分される。

一つ目の「武力を用いた威嚇」は、数万人いると言われる工作員による韓国要人の暗殺、テロなどにより韓国社会を混乱に陥れ、屈服させるというバリエーションだ。

二つ目の「限定的な武力行使」は、ミサイルや砲弾で韓国の主要空港や軍・政府施設などを攻撃し、場合によっては併せてゲリラ戦も行うというものだ。仁川空港、金浦空港は必ず攻撃され、主要道路も破壊されると考えられる。

三つ目の「全面的武力行使」は、文字通り南侵して韓国全土を掌握しようとするものだ。短距離弾道ミサイルで韓国南部の米韓軍の空軍・海軍施設を一斉攻撃し、次に地上軍が境界線を越え侵攻するというものだ。北朝鮮の軍事力の増強により、従来の軍事境界線突破作戦から、韓国全土へ攻撃する戦略に変化したと見られている。なお、軍事専門家の分析は、いきなりミサイルや砲弾で韓国の主要空港や軍・政府施設などを攻撃しすぐに南侵するという見方と、南侵はあまり考えられない、限定的な武力行使で韓国を屈服させたいのが本音だろうとの見方に分かれる。

もし武力行使を行う場合、北朝鮮にとっては米国をいかに参戦させないようにするかが最大の戦略だ。米国が参戦する前に作戦完了する、または参戦させないような工作を試みるだろう。奇襲作戦をしかけて来るとも言われている。最初に米韓空軍基地を破壊し米韓軍の反撃をさせない作戦を実行する可能性が高い。

朝鮮半島有事は、台湾有事と異なり、武力紛争勃発の兆候を認識しにくい。中国が台湾を攻める場合は海を挟んで侵攻するため、一定程度中国軍の動きを兆候として認知することができるが、朝鮮半島有事は幅４㎞の軍事境界線を突破する予兆は認知しにくい。攻撃侵攻があればすぐに激烈な戦闘になってしまうだろう。

推奨する企業の対策

企業として策定すべき朝鮮半島有事を想定した退避計画の枠組みは、台湾有事と同じでよい。台湾有事のパートで記載しているので、ここでは概要のみおさらいしておく。

「退避に関する方針」、「発生した事象ごとの対応方法、つまり退避のトリガー」、「退避のトリガーが発生したかを監視する方法」、「退避方法」、「籠城場所」などを定め、退避計画策定後も退避のトリガーが発生したかを常時監視し続けること。武力紛争が勃発する前に退避できるような体制をどのように構築するかも忘れてはいけない。

大切なことは、朝鮮半島有事特有のポイントを踏まえた退避計画とすることだ。その国・地域特有の想定される脅威と地理を踏まえた具体的な退避計画でないと、全く意味がないと言っても過言ではない。

朝鮮半島有事の退避計画を策定するにあたり捉えておくべきポイントは以下の通りだ。

●北朝鮮と韓国は陸続きで近距離。地続きなので攻めやすい

●攻撃の兆候なしで急に軍事行動が始まることがある。北朝鮮が攻撃する場合は奇襲作戦となる可能性が高い

●想定される攻撃は、①大砲、ロケット砲（ソウルまで届く）②ミサイル攻撃（全土の空港軍事施設、米軍基地などに届く）③陸上侵攻（南下して侵攻する）

●仁川空港、金浦空港は最初に攻撃される可能性が高い

●海上での戦闘はさほど考えられない

釜山まで南下し海路で脱出することが昔の常識だったが、北朝鮮はここ数年間で目覚ましいミサイル開発により韓国全土への攻撃が可能となったため、単に南下するという対策では不十分である。

したがって、韓国の退避計画では、滞在者の南下の方法、できるだけ安全な籠城場所の選定、フェリーでの退避ルート選定などを行っておくことが重要だ。

中国の改正反スパイ法

そして最後に紹介するのが中国の改正反スパイ法についてだ。

これだけを聞いてもピンと来ない人もいるだろう。中国では2014年に「反スパイ法」が施行され、中国で活動する外国人の取り締まりを強化しており、邦人の拘束は2015年以降17名にのぼると言われている。報道によると、中国の国家安全局は2023年3月に北京市で製薬会社幹部の50代の日本人男性1人を拘束し、拘束理由を「スパイ活動に関与し、反スパイ法などに違反した疑い」であると公表している。

そして、2023年7月には改正反スパイ法が施行され、経済スパイ（産業秘密）とサイバースパイが対象に追加された。なお「その他のスパイ活動」の条文は存続しているため、列挙されている行為だけでなく、さまざまな行動が幅広くスパイ活動とみなされる可能性がある。中台間（米中間）の緊張が高まり、日中関係も良好とは言えないため、邦人が拘束されないよう今後さらに注意が必要であると考える。

改正反スパイ法のポイント

改正反スパイ法の概要は、外務省海外安全ホームページに次の通り記載されている。

・中国は「スパイ活動」への対策を強化するため、2023年7月に改正反スパイ法を施行し、「国家安全」に危害を及ぼす行為への対策を強化したので、注意する必要がある。

・改正反スパイ法にはスパイ行為の類型について新たな内容が追加されている。なお、「その他のスパイ活動を行うこと」の規定が引き続き置かれており、列挙されているもの以外にもさまざまな行動が幅広くスパイ行為とみなされる可能性がある。

・改正反スパイ法で言うスパイ行為とは以下の行為を指す。国家の安全と利益にかかわる文書、データ、資料、物品の窃取、偵察、買収、不法提供。その他のスパイ活動を行うこと。

・「軍事施設保護法」、「測量法」等に違反するとされる行為も「国家安全に危害を及ぼす」として取り調べの対象となる。

・どのような行為が「スパイ行為」として取り調べや拘束、刑罰の対象となるかが明らかにされておらず、また、これらの法律の内容が当局によって不透明かつ予見不可能な形で解釈される可能性もある。

・特に地図（手書きのものを含む）を所持しているだけで、その対象とみなされる可能性がある。

・「軍事禁区」や「軍事管理区」と表示された場所は、軍事施設保護法により、許可なく立ち入ったり撮影したりすることなどが禁止されている。
・外国人による無許可の統計調査も禁止されている。
・政治的と見なされる外国人の集会や行進、示威的な活動等を行うことは厳しく制限され、外国人の宗教活動も厳しく制限されている。
・携帯電話やパソコンといった通信機器については、盗聴されている可能性もあることを認識し、また、ＷｅＣｈａｔ等のＳＮＳの他、電子メールのやり取りについても、同様な状況にあることを意識して利用する。

詳しくは外務省海外安全ホームページに記載されている中国の「安全の手引き」の「２　滞在時の留意事項　（３）いわゆる「スパイ行為」等　（４）写真撮影、政治活動、宗教活動、集会等」に記載されているので、中国に滞在する場合は熟読することをおすすめする。

改正反スパイ法対策

改正反スパイ法の対策は、一言で言うと改正反スパイ法という法律を遵守するということ、そのためには企業として中国に滞在する社員に正しく教育する必要がある。社員向け教育資料として最適なものは、前記の外務省海外安全ホームページの「安全の手引き」である。日本の外務省が解説したものであるため、中国においても保有し読むことは問題ないと考えてよいだろう。

盗聴されるから遵守するということでなく、滞在している国の法律を遵守するという位置付けで、熟読し遵守することをおすすめする。どこまでが大丈夫で、どこからが違反するのかという線引きを認識するのは困難であるため、違反するかもしれないと思った行為は慎むことが望ましい。もし監視されているなど不審なことを認識したら、現地の大使館（または総領事館）に相談するか、一時帰国して様子を見るなどの対策も必要だ。

おわりに
～リスクは確実に軽減できる～

「保険会社にいた人間がなぜ海外危機管理を始めたのか？」

こうした質問をよく受ける。どうしてこんなに必死に海外危機管理に従事しているのか、自問自答してみると４つほど動機があるように思う。

１．保険では足りない分野がある

私は長い間、保険会社に勤めていた。若い頃は無我夢中になって働いた。保険会社に就職すると、新人教育の一環でもあるのだが、まず知人への営業を命じられる。親兄弟親戚はもちろん、友達にまで営業して、何らかの保険に加入してもらうのだ。その中の一人、自動車保険に加入してくれた義兄が事故を起こした。交差点の直前において徐行運転で自転車と接触したのだ。

現在、多くの保険会社は事故直後からフォローしているが、当時はそうしたサービスはなく、接触した相手にも警察にも加入者自身が対応しなくてはならなかった。そのため接触事故を起こした義兄は狼狽し、現場から電話で私に助けを求めて来た。そのときに感じたのは「保険って、いったい何なのだろう？」ということだった。現場に駆け付けた私は、自分が売った保険に疑問を持った。途方に暮れている義兄に味方は誰もいない。そして被害者は感情的になり、駆け付けた若い警察官も義兄をまるで犯罪者のように扱っていた。営業をするとき私は、物腰低く義兄に何度も頭を下げた。しかし、いざ事故が起こると事故現場で困り果てている契約者を保険会社が救ってくれることはない。クールに契約に添って保険金を支払うだけだ（現在はかなり手厚くなっている）。契約者が一番困っているときに役に立てる保険ができないものだろうか？　それ以来自問自答を続け、保険を離れてそれを実現させたいという思いが芽生えてきた。

2．海外生活の経験

私はこれまでに三度にわたって海外生活を経験している。いずれもドイツだったが、6〜10歳のときは父親の仕事の都合で海外駐在員の家族としてデュッセルドルフで暮らした。大人になり保険会社に就職してからも、一年間の語学研修を経てデュッセルドルフとミュンヘンに駐在した。１９６１年にベルリンの壁ができ、東西ドイツが分断された瞬間と、１９８９年に壁が壊され東ドイツが解放された瞬間、歴史の大きなうねりの中に居合わせた。閉鎖されたときは、家族が分断され、西側に逃げようとして射殺された悲惨なニュースを日々目にした。

しかし、一番怖かったのは62年に起きたキューバ危機である。このときは親たちも含め日本人が集まると、戦争が始まったときにどうやって日本に帰国すればよいのか、こそこそと相談していたことが忘れられない。当時のドイツは日本よりも治安は良く、平和な中であれば外国人として暮らしていくことに不安はない。しかし、戦争などで人々がパニックになった状態の中、外国人が生き延びていくことは困難であることは子ども心にも想像できた。私にとってはこのときの気持ちが国外退避を考える際の原点になっている。

3．大人たちから聞いた戦争の体験談

ドイツから帰国した後、私の親の世代の人たちは皆、太平洋戦争を体験しており、何かにつけ身近な話題としていろいろな体験談を聞かされた。

満州から命からがら引き上げて来た人、極寒のシベリアに抑留され労役を課せられた人……。大人たちの身の上話はどれもリアルだった。命の危険にさらされたり、幼い子どもを失ったり、一家離散になったり。戦後10年経ってから生まれた私には別世

界の話にしか聞こえなかったが、満州からの引き上げの話は身につまされた。キューバ危機の話とどこか重なっていたように思う。また、その感覚は台湾有事の退避計画を考える際にも共通したものを感じている。

4．自分のルーツ

自分と危機管理とのかかわりの源泉にたどりつくために、私は自分のルーツをたどったことがある。

有坂家には長州藩の砲術家として活躍してきた歴史がある。その中で曾祖父は「有坂銃」と呼ばれる小銃を設計した人物だ。最近は〝ゴールデンカムイ〟という漫画の登場人物として知られているようだ。有坂銃は1897年に製造開始、日露戦争や第二次世界大戦で使用された。

また、曾祖父は軍師としての一面もあった。陸軍技術審査部長として臨んだ日露戦争では、戦中最大の難戦と言われる旅順攻囲戦の打開策として、国内軍港に据え付けていた要塞砲を投入するように進言。通常1か月を要する据え付け作業を極めて短時間で旅順において行う方法を指示するなどして敵軍要塞の破壊に大いに貢献したという。

仲間の命のために、策を練る曾祖父の姿は、歴史書物や関係者からの言葉でしか知り得ないが、そういった話を見聞きするうち、自分の仕事とつながっている気がした。

このように、保険会社での経験、海外で生活した体験、そして上の世代から聞かされた戦争体験が何年にもわたって頭の中で交差して、海外危機管理のビジネスを手掛けるようになったというわけだ。

あれから18年——。

これまでに世界のさまざまな国を訪れ、さまざまな危機管理案件を手掛け、数多くの経験を積むことができた。これはコンサルタントとしてサービスを提供する側であったからこそ得られた経験であり、私を信用して仕事を任せていただいたことは本当にありがたいと思っている。その経験を自らのクライアントだけでなく、海外でビジネスをするすべての日本企業の方々にもお伝えしたく、この本を書くに至った。

テロ、誘拐、暴動、政変、戦争、自然災害、病気・感染症、火災、事故、殺人、強盗……。日々世界中でたくさん事件が起きている。こうした災害や疫病はもちろん、戦争やテロも自分の力で防ぐことはできない。当然ながら、駐在や出張で社員を送り出す企業にも防ぐことは不可能だ。

しかし、こうした事例の傾向を知り、安全対策を講じることで、それらに遭遇する可能性を格段に低くすることはできる。あるいは遭遇したとしてもダメージを軽減することもできるだろう。そのための努力を惜しんではならない。

本書で紹介した情報により、一人でも多くの命を救えること、どこかで誰かの災難を未然に防げることを心の底から願っている。

最後にこの場を借りて、本書の執筆にかかわってくれた倉持与四郎君に感謝したい。

2024年2月　有坂錬成

海外に送り出した社員の命をどう守る？
在るべき企業の海外危機管理

発行日　2024年2月23日　第1刷

Author　有坂錬成
Book Designer　阿部早紀子／装丁・本文デザイン
荒井雅美／本文DTP・作図

発　行　ディスカヴァービジネスパブリッシング
発　売　株式会社ディスカヴァー・トゥエンティワン
〒102-0093　東京都千代田区平河町2-16-1 平河町森タワー 11F
TEL　03-3237-8321（代表）03-3237-8345（営業）
FAX　03-3237-8323
https://d21.co.jp/

Publisher　谷口奈緒美
Editor　村尾純司　浅野目七重

Distribution Company
飯田智樹　古矢薫　山中麻吏　佐藤昌幸　青木翔平　磯部隆　小田木もも　廣内悠理
松ノ下直輝　山田諭志　鈴木雄大　藤井多穂子　伊藤香　鈴木洋子

Online Store & Rights Company
川島理　庄司知世　杉田彰子　阿知波淳平　王廳　大﨑双葉　近江花渚　仙田彩歌
滝口景太郎　田山礼真　宮田有利子　三輪真也　古川菜津子　中島美保
厚見アレックス太郎　石橋佐知子　金野美穂　陳鋭　西村亜希子

Product Management Company
大山聡子　大竹朝子　藤田浩芳　三谷祐一　小関勝則　千葉正幸　伊東佑真　榎本明日香
大田原恵美　小石亜季　志摩麻衣　野﨑竜海　野中保奈美　野村美空　橋本莉奈　原典宏
星野悠果　牧野類　村尾純司　安永姫菜　斎藤悠人　中澤泰宏　浅野目七重　神日登美
波塚みなみ　林佳菜

Digital Solution & Production Company
大星多聞　中島俊平　馮東平　森谷真一　青木涼馬　宇賀神実　小野航平　佐藤淳基　舘瑞恵
津野主揮　中西花　西川なつか　林秀樹　林秀規　元木優子　福田章平　小山怜那　千葉潤子
藤井かおり　町田加奈子

Headquarters
蛯原昇　田中亜紀　井筒浩　井上竜之介　奥田千晶　久保裕子　副島杏南　福永友紀　八木眸
池田望　齋藤朋子　高原未来子　俵敬子　宮下祥子　伊藤由美　丸山香織

Proofreader　小宮雄介
Printing　日経印刷株式会社

ISBN978-4-910286-27-3
KAIGAI NI OKURIDASHITA SHAIN NO INOCHI WO DOU MAMORU ?
ARUBEKI KIGYOU NO KAIGAI KIKIKANRI by Rensei Arisaka